V/F VALIDATION® : The Feil Method

バリデーション入門

認知症の人の想いを傾聴・共感するコミュニケーション法

著　ナオミ・ファイル
　　ビッキー・デクラーク・ルビン

監訳　稲谷ふみ枝　　訳　飛松美紀

中央法規

賢明な老年時代に！

本書は、認知症高齢者に関わるすべての人のための本です。
バリデーションは、感情を自由に表現する認知症高齢者を
受け入れる手助けをするものです。
バリデーションは、その人をありのままに受け入れます。
バリデーションは、その行動の背後にある理由を
理解するのに役立ちます。
バリデーションは、認知症高齢者が人生の最後に
なしとげようとしていることに寄り添います。

何百万語に値する映像の
製作者エド・ファイルに
本書のために多大な知見を提供してくれた
ピート・デクラークに
感謝いたします。

Original title:
"Validation – the Feil Method. How to Help Disoriented Old-Old"
©1982, 1992, 2015 by Naomi Feil
Japanese translation published by arrangement with
Edward Feil Productions, LLC
All rights reserved.
Revised: 2003
Revised: 2015
Revised: 2020

発行にあたって

　ナオミ・ファイルが本書第一版をアメリカで発行したのは1982年のことです。その後、バリデーション法は日本にも導入され、20年以上がたちました。

　バリデーション法は、研究や専門家の意見、時代とともに変化しています。ナオミ・ファイルは、当初、認知機能が低下した高齢者を4つのタイプ（4つの段階）に分け、それぞれの段階に「認知の混乱」「日時・季節の混乱」「繰り返し動作」「植物状態」という名前をつけました。これは、認知症高齢者にどのように接し、どのようなバリデーションテクニックを使えばよいかを判断するのに役立つものです。

　しかし、このような用語は、人にレッテルを貼るようだと時に否定的に受けとめられることがありました。そこで、バリデーショントレーニング協会の教育委員会は、従来の表現法を改訂し、それぞれのフェーズを、そのフェーズにいる人のコミュニケーション能力や行動によって表現することにしました。本書では、改訂された表現方法について説明しています（また本書より日本語訳をフェーズとしています）。

　ここで強調したいのは、認知症高齢者はあるフェーズから別のフェーズへと移ることがよくあるということです。1時間もたたないうちにフェーズが変わることもあれば、1年かけて変わる場合もあります。最後まで同じフェーズにいる人もいます。

　認知機能が低下した高齢者の4つのフェーズは、次のように表現されるようになりました。

フェーズ1
- コミュニケーションをとることがよくでき、たいていの時間は見当識が保たれている。
- 否定をしたり、つくり話をしたりすることで、恐怖心を抱きつつも、懸命にまだ失われていないものにしがみついている。

フェーズ2
- コミュニケーションはとれるが、多くの時間は「その人の現実」の中で生きている。
- 自分の欲求や感情を、あまりフィルターをかけずに（判断することなく）表現する。

フェーズ3
- まだコミュニケーションはとれているが、たいていは欲求や感情を自分の中に秘めている。
- 動作や音で欲求や感情を表現する。

フェーズ4
- 周りの人が知覚できるほどの表現や会話はなく、コミュニケーションがほとんどとれなくなる。
- 欲求や感情をほぼ完全に自分の中に閉じこめている。

　さらに、本書では対象高齢者を表す言葉として「見当識障害のある高齢者」と「認知機能が低下した高齢者」を同じ意味で使っています。また「解決 対 植物状態」の代わりに、「解決 対 引きこもり（自分の中に引きこもっている状態）」としました。

　最後の変更点は、バリデーションについての研究の章です。前版以降、多くの研究が行われ、学術論文が出されています。バリデーショントレーニング協会に寄せられた研究や学術論文は、ホームページに掲載していますので、https://vfvalidation.org/researchをご覧ください。

　教育委員会は、全世界のマスター・ティーチャーで構成されています。本書を執筆した時点では17名の男女が、英語、フランス語、ドイツ語、イタリア語で活動しており、この分野での最新の研究や動きにバリデーション法が合致したものになるように取り組んでいます。バリデーションの理論や実践についての変更は、すべてこの専門のグループが承認しています。

　本書の改訂にあたり、スウェーデンのバリデーションティーチャーであるマリア・ヘドマンさんに感謝したいと思います。私たちは、スカイプで何時間もかけて文章を一行一行確認しました。彼女の鋭い目と専門知識のおかげで、すべての変更点を網羅することができました。ここに感謝いたします。

Vicki de Klerk-Rubin
2023年ハーグ

INDEX

第4部 グループバリデーション

第5部 そのほかの援助方法

付録

表、書式、テスト

第1部

バリデーションとは？

バリデーションの
はじまり

● 認知症の人から学んだこと

　私（ナオミ・ファイル）はコミュニティセンターで健康な高齢者を対象に7年間仕事をした後、1963年、オハイオ州クリーブランドにあるモンテフィオール老人ホームというところで、80歳を超えた認知症の人達を対象に仕事を始めました[1]。

　当初私は、認知症の進んだ高齢者が現実に向き合えるようになること、集団の中で交流できるようになることを目指しました。

　しかし、1966年、彼らを現実に向き合わせるのは現実的ではないことを悟ったのです。彼らは皆それぞれの空想の世界の中に入り込んでいました[2]。認知症高齢者に輪になって座ってもらったグループの中で、私が現実を認識させようとすると、グループの高齢者は自分の中に引きこもる、あるいは敵意が高まることがわかりました。しかし、感情を深く探求し、思い出話をすると、彼らはグループの中で、互いにやりとりをはじめました。歌を歌うと、グループの一体感と幸せな気持ちが高まりました。そこで、私はそれまで用いてきた現実に向き合わせようとする方法を断念したのです。

　また、見当識障害がひどく進んでいたある人は、こんな歌を歌っていました。「デイジー、デイジー、気が狂いそう……」。そして自分が「ぼけて」しまった理由を教えてくれました。「頭がおかしいほうがいい。だってそうなったら何をしたって構わないから」。

● ケスラーさん

　グループの別の認知症の人は、立ち上がって、「家に帰って、子どもに食事をさせないと」と、部屋を出ていこうとしました。私が、「ケスラーさん、家には帰れません。お子さんはそこにはいませんよ。あなたは高齢者のための家、モンテフィオール老人ホームに住んでいるのです」と言うと、彼女は言いました。「わかっているわ。ばかなこと言わないで！だから私は行かなければならないの。今すぐに。家に帰って子どもに食べさせないと」。

　私がどんなに今の現実を説明しようとしても、ケスラーさんを納得させることはできませんでした。ケスラーさんは、老人ホームにいる自分は役立たずだと感じていたのです。3児の母として役に立っていると感じたくて、「家」と「母親としての役割」を求めていたのです。彼女は私から引き下がり、私を指さしながら低い声でつぶやきました。「彼女に何がわかるのよ。何様だと思っているのかしら！」。

1　Naomi Feil, "Group Therapy in a Home for the Aged," The Gerontologist 7, No.3,
　　Part 1 (September 1967): 192-195.
2　Edward Feil, The Tuesday Group, film (Cleveland, Ohio: Edward Feil Productions, 1972).

● ローズさん

　ローズさんは、屋根裏で自分を去勢したと、モンテフィオール老人ホームの管理者を非難していました。私は彼に現実には起こってないことだとわかるようにするために、彼とのかかわりを5年間続けました。すると、ホームの管理者が退職したとき、ローズさんは私にこう言ったのです。「君の言う通りだ。彼に傷つけられたのではない。私は能無しだ。いいときなんてなかった」。

　これが彼の話してくれた最後の言葉でした。彼は杖を置き、歩かなくなりました。「バッカイ105番通り」と何度も何度もつぶやきながら、車いすの肘あての上で指先を動かしていました。指先の動きは、彼にとって「歩くこと」を意味していました。バッカイ105番通りというのは、弁護士だったローズさんが働いていた法律事務所があった場所でした。彼は、骨ページェット病で痛む左ひざをドンドンと繰り返し激しくたたいては、「くそ判事…くそ判事…くそ判事…」とつぶやいていました。

　ローズさんが亡くなった後に彼のお姉さんと話をしてわかったことですが、ローズさんは幼い頃、父親に「お前は決して大物になれない。お前は無能だ」と言われたそうです。そして、ローズさんは人生で大して成功しませんでした。弁護士になりましたが、ある大きな裁判でも負けてしまいました。彼は、激しい怒り、つらい思い、自責の念を封じ込めてきました。"よい子"だから、父親に言われる通りにしてきました。父親は彼を骨抜きにした、言葉で去勢したのです。ホームの管理者は、彼にとって父親の象徴、シンボルだったのです。

　ローズさんは、老年期に車いすに座り、ただ独りで、自分の激しい怒りと自責の念を解決しようともがいていました。人生最後のステージであると私が考える「解決」期にいたのです。ローズさんは、彼の父親像である老人ホー

ムの管理者に傷つけられたと訴えていました。けれども、当時私はそれが何かがわからず、耳をかそうとしなかった。彼が求めていたのは、自分の激しい怒りを認めてもらうこと、バリデートしてもらうこと（気持ちを認めてもらうこと）だったのに。

　判事、管理者、医師、神は、ローズさんにとって父親の象徴でした。ローズさんは、彼らに向かって人生を台無しにしたと非難していたのです。彼は幼い頃、屋根裏で父親におしおきをされていたのですが、そのとき自分がどんな思いだったか父親に伝えるため、父親の愛を取り戻すため、この世界で自分の正当性を示すため、過去に戻って訴えていたのです。でも誰も彼をバリデートしなかった。彼は独りで格闘しました。

　次第に彼の体の動きは弱々しくなり、徐々に生きる目的を失い、最期には植物状態になって生涯を終えました。彼はバリデートされることなく、「コミュニケーションをとることがよくでき、たいていの時間は見当識が保たれている」フェーズ1の状態から、「周りの人が知覚できるほどの表現や会話もなく、自分の世界に引きこもっている」フェーズ4の状態へと進んでいったのです[3]。

3　Naomi Feil, "History of Isadore Rose." Unpublished Case History Montefiore Home, Cleveland, Ohio, 1963-71, available from Author

自分の世界に引きこもっている人に、無理やり現実に向き合わせようとしても意味がないということを、ローズさんのような高齢者が私に教えてくれたのです。私は、バリデーションを行うことが必要だと高齢者から学びました。彼らが、それぞれの老いに適応するために、過去に戻って生きるという英知をもっていることを！

バリデーションの
基本となる考え方

　バリデートするとは、その人の気持ちを認めることです。そして、ある人をバリデートするとは、その人がいま感じている気持ちは本当であり、そのまま受けとめるということです。感情を否定するということは、その人を否定するということになってしまいます。バリデーションでは、共感を通して、認知症後期高齢者の心の現実に波長を合わせてかかわります。共感とはその人の立場になって感じることです。そして共感することによって、信頼が生まれます。信頼から安心感が、安心感から精神的な力が、そして精神的な力から自尊心が新たに芽生え、自尊心によってストレスが減ります。

　バリデーションワーカー（訳注：厳密には研修を受けて資格を受けた人をさしますが、ここではバリデーションを実践する人も含みます）は、共感を通してその場のやりとりにおける手がかりを見つけ、その人の感情を言葉で表現する援助をします。このようにして、その人はバリデートされ、尊厳を取り戻すのです。

　現実世界において強い気持ちになり、愛され、価値ある存在だと思えれば、その人の過去の世界に戻らなくてもよくなる人もいます。過去の世界にとどまろうとする人もいます。誰にでもあてはまるような単純なひとつの処方はありません。しかし、基本的には人間は誰でも、バリデートされると幸福な気持ちが高まります[4]。

4　Naomi Feil, "A New Approach to Group Therapy." Unpublished paper presented at the 25th Annual Meeting of the Gerontological Society in San Juan, Puerto Rico, December, 1972

バリデーションは、以下の要素が組み合わされて成り立っています。

- 共感的基本的態度
- 認知症高齢者の行動の理解に役立つ老年学理論
- 認知症高齢者が尊厳を取り戻す個人へのバリデーションやグループバリ
  デーションのテクニック

バリデーションの長期目標

- 高齢者が自宅で生活を続けることができる。
- 自尊心が回復する。
- ストレスが減る。
- 生きていて良かったと思う。
- やり残した過去の問題を解決しようとする。
- 薬による拘束や体の拘束が必要な状態が減る。
- 言語・非言語的コミュニケーションが増える。
- 自分の心の中に引きこもっていくことを防ぐ。
- 足取りがしっかりする。身体の状態が向上する。
- 介護者に喜びと元気を与える。
- 家族が認知症高齢者本人と
  コミュニケーションをとるのに役立つ。

バリデーションの
基本的理念（原則）

● 基本的理念（原則）とは

　認知症高齢者についての基本的理念で、これによってバリデーションにおける姿勢や態度が形成されます。

● バリデーションワーカーの行動や態度とは

　バリデーションの基本的理念（原則）によって形成され、バリデーションのテクニックの礎となります。

● 理論的前提／根拠とは

　認知症高齢者に特化したものではない一般の人を対象とした理論ですが、バリデーションの原則を裏づける有益な理論です。

すべての高齢者は一人ひとりが唯一の価値ある存在です。

例 アメリカの老人ホームに入居している90歳の女性。介護スタッフ
は彼女を「おばあちゃん」「ママ」「ハニー」と呼んでいます。

> ▶ **バリデーションでは**
> ワーカーは「○○（名字）さん」と呼びます。
> ▶ **バリデーションワーカーの行動**
> 高齢者に敬意を表する呼び方をし、ひとりの人として尊重します。

▶ **理論的前提 / 根拠**
人間性心理学（マズローやロジャース等）。クライエントを唯一無二の個人とみなします。

認知症高齢者を、あるがまま受け入れます。彼らを変えようとはしません。

例 食事を済ませたばかりなのに、90歳の女性が「朝食を食べさせて」
と言います。それに対し、バリデーションワーカーは「おばあちゃん、
今8時ですよ。食事が済んだばかりなので、おなかが空いているは
ずはありません」などとは言わず、高齢者の気持ちに寄り添います。
食事を求めるのは、何かが足りない、何かが満たされていない気持
ちからくるものかもしれない（家族や愛に飢えている）と考え、たと
えば、このように聞きます。「何があれば満たされますか？」。

> ▶ **バリデーションワーカーの行動**
> その人の行動を変えようとしません。その行動を受け入れ、そこで表現
> されているニーズ（欲求）を満足する援助をします。

▶ **理論的前提 / 根拠**

人間性心理学（ロジャース、マズロー等）：クライエントを善悪の判断することなく受け入れます。

さらにフロイトによると、クライエントに変わる準備ができていない、あるいは洞察を認識する能力を持ち合わせていない場合は、セラピストは洞察をしたり、行動を変えたりすることはできないとしています。

基本的理念（原則）3

共感をもってその人の話を聞くことによって、信頼が生まれ、不安が減り、尊厳が回復されます。

例 介護スタッフに洗面器の水をかけられて服がびしょ濡れだと女性が怒っています。信頼されているなじみのバリデーションワーカーは、リフレージング（訳注：感情を込めてその人が言ったキーワードを使って、要点を繰り返す）をしてから尋ねます。

「それは毎朝ですか？」「そう、毎朝」「彼女に水をかけられない日はありますか？」「そうね、若くてとってもいい娘さんが夜に私の様子を見にきてくれたときはね、トイレに行きたいか聞いてくれるのよ。年をとってくるとね、おしっこがうまくできないときもあってね」。

▶ **バリデーションワーカーの行動**

この女性が失禁を恥ずかしく思っていることを理解し、「真実」が何であるかに集中せず、その人の「気持ち」に焦点をあてます。

▶ **理論的前提 / 根拠**

人間性心理学、特にロジャースの共感を用いたクライエント中心のアプローチ

つらい気持ちは、信頼できる聞き手によって認められ、バリデートされることによって和らぎます。つらい気持ちは、それを無視されたり抑えられたりすると、より強くなります。

....

例　ある女性高齢者は、毎日午後3時30分になると立ち上がって家の子どものもとへ帰ろうとします。「大丈夫ですから、座りましょう」とスタッフが言うと、ますます気持ちが高ぶり、取り乱します。「最悪の場合、どんなことがお子さんに起きるのですか？」と尋ねると、その女性は子どもを置いて出かけたときの生々しい出来事を語り始めました。バリデーションワーカーに恐怖心を吐き出すことで、気持ちが和らぎます。

> ▶ **バリデーションワーカーの行動**
> 高齢者が表現するあらゆる感情に心を開きます。共感を通して、感情を共有し、その人の感情表現を促します。認知症高齢者が自由に感情表現して自分自身を癒そうとしていることを受け入れます。

▶ **理論的前提／根拠**
精神分析療法（フロイト、ユング等）：「無視された猫はトラになる」

基本的理念（原則）5

認知症高齢者の行動には理由があります。

例　調理師が食べ物に毒を入れたと、ある女性高齢者が非難しています。それに対し、「ここの調理師は最高の調理師なのですよ」などとは言いません。その女性高齢者が、母親に（愛情を注がれるのではなく）多量の料理を食べさせられてきたことを介護者は知っています。今、怒りをその調理師に向けているのです。バリデーションワーカーは、たとえばこのように尋ねます。「彼女はスープに何を入れるのですか？」

例　ある女性はスープを拒み、そのたびに吐き出します。彼女はユダヤ人で、第二次世界大戦中に家宅捜索を受け、ふた付きのスープ皿の中に自分の身元証明書を隠していたのです。

▶ **バリデーションワーカーの行動**
その人がなぜそのような行動をとるのか、その理由がいつもわかるわけではありませんが、その人が感情を表現すること、そしてやり残したことを解決する援助をします。

▶ 理論的前提 / 根拠
後期高齢期では、行動を統制するのは脳だけではありません。行動は、人生の中で経てきた身体的、社会的、精神内部の変化の組み合わせによって起こります（Adrian Verwoerdt がもともと提唱したものですが、この考え方はほとんどの老年学者によって受け入れられています）

認知症高齢者の行動は、以下の基本的欲求（ひとつまたは複数）が根底に
ある可能性があります。

‥‥

- 安らかな死を迎えるためにまだやり終えていないことを解決する欲求

- 平和に暮らす欲求

- 視力、聴力、記憶力が低下したり、移動が自由にできなくなったりしたとき、心の落ち着きを取り戻す欲求

- 忍び難い現実を納得のいくものにする欲求。なじみのある人間関係をもち、居心地がよいと感じられる場所を見つける欲求

- 承認、地位、アイデンティティ（自己・自分らしさ）、自尊心への欲求

- 役に立ち、有益でありたい欲求

- 傾聴され、尊重されたい欲求

- 感情を表現し、聞いてもらいたい欲求

- 愛されたい欲求、所属欲求（人と接したい欲求）

- 動けなくさせられたり、拘束されたりすることなく、世話をしてもらいたい、安心したい欲求

- 触覚、視覚、聴覚、嗅覚、味覚など感覚刺激を求める欲求、性的表現をする欲求

- 苦痛や不快を軽減したい欲求

　欲求を満足するために、彼らは過去に引きつけられたり、現在から押し出されたりします。彼らは、解決（resolve）、逃避（retreat）、解放（relieve）、追体験（relive）、表現（express）しているのです。

例 見当識障害の進んだ女性が、自分の手にキスをしています。彼女にとって、手は赤ちゃんのシンボルなのです。彼女はかつて中絶をした経験があり、抱えていた自責の念を今表現する必要があるのです。自分の手が見えていないかもしれないし、自分の体がどこにあるのかも認識していないかもしれない。でも手は自分の赤ちゃんのように柔らかい感触。心の目を使って、自分の赤ちゃんの姿を見て、罪を償い、よい母親としてのアイデンティティをとり戻しているのです。

例 ある女性は、かつてタイピストとして働いてきました。年をとった今もタイプライターを打っているかのように指を動かしています。これは、タイピストとして尊厳とアイデンティティを保つためなのです。「職のない老人」であることに耐えることができません。バリデーションワーカーは、こう聞きます。「これまでの生涯、本当にたくさんタイプを打ってこられたのですね？」。

▶ **バリデーションワーカーの行動**
高齢者が人生の「解決」期にいることを受け入れ、その過程に寄り添います。高齢者がその人にとっての現実の中にしばしばいること、そしてそれは耐え難い今の現実に対する賢明な癒しの対処法であると考えます。

▶ 理論的前提／根拠
この原則を裏づける以下のような理論があります。
マズローの欲求段階説
エリクソンのライフタスク理論（心理社会的発達理論）
人間性心理学：人間はバランス・恒常性を求め、自分自身を癒そうとする
（特にロジャース）

言語能力や最近の記憶が失われてくると、若いときに身につけた行動が蘇ります。

例 舌や唇や歯を動かして、独自の言葉をつくることがあります。これは人間の基本的欲求の表現であることが多いです。

ある女性高齢者が指を吸っています。そうすると、（赤ん坊のとき感じたように）楽しく安心できるのです。自分は生きているのだという、自己刺激でもあるのです。

一話す能力が衰えると、幼いときに覚えた動作に置き換わることがあります。

またある別の女性高齢者が「ヘルブン」とうめいています。介護者に天国（ヘブン）からの助け（ヘルプ）がいると訴えます。母親は天国にいます。この女性は、イメージと音を結びつけて、ヘルブンという言葉をつくり出したのです。バリデーションワーカーは、「お母さんが本当に恋しいのですね。助けてほしいときは、いつも一緒にいてくれたのですか？」と尋ねます。

▶ バリデーションワーカーの行動

息遣い、動き、ジェスチャー、体の緊張をカリブレーション（訳注：自分を相手の様子にぴったりと同調させる）し、動作や音をミラーリング（訳注：鏡のように映し出す）します。たとえ、高齢者の行動を論理的に説明することができなくても、このようにすることによって、高齢者の波長と同じ波長になって、その瞬間に高齢者がいるところで出会うことができるのです。

▶ 理論的前提／根拠

ピアジェの理論：人間の認知の発達において、言語よりも動作が先行する。

基本的理念（原則） 8

認知症高齢者は、思いのつまった過去の人、もの、概念の代わりに、(現在の)人またはものを、その人にとっての「シンボル」として使う場合があります。

....

例 **人の例**

自分の父親にしいたげられてきた過去をもつ男性高齢者が、施設長が夜自分を縛り上げると非難している (この場合、施設長が"父親"のシンボルになっている)。

別の高齢者は、人形を赤ん坊のように扱っている (この場合、人形が"赤ん坊"のシンボルとして使われている)

例 **概念の例（ものが概念のシンボルになる）**

結婚指輪が"愛"のシンボルになる。ハンドバッグが"アイデンティティ"、すなわち"その人自身"を表す場合もある。

例 **ものの例**

施設の廊下が"道路"になる (施設の廊下が道路のシンボル)。車いすが"車"になる (車いすが車のシンボル)。車の整備士だった男性高齢者が "車"の修理のために毎日ベッドの下にもぐる (ベッドが車のシンボル)。

▶ **バリデーションワーカーの行動**
欲求や感情を表現するためにシンボルが使われていることを受け入れ、共感をもって探索・対応します。

▶ **理論的前提 / 根拠**
シンボルについては、フロイトとユングによる多数の論文があり、シンボルを表象と説明しています。

基本的理念（原則）9

認知症高齢者は、しばしば同時にいくつかの気づきのレベル（意識レベル）
にいます。

例 女性高齢者が「ママ」と言って老人ホームから飛び出していきます。
お母さんに会いたいのです。「お母さんはどこにいるのですか？」
と聞くと、「お母さんは神様のところ」と答えます。この女性高齢者
は意識のどこかでは母親が亡くなったことがわかっているのです。

> ▶ **バリデーションワーカーの行動**
> バリデーションでは、高齢者に決して嘘はつきません。高齢者は、意識
> のどこかでは真実は何かがわかっているからです。上記の例の場合、一
> 般に「お母さんは買い物に行っているので今いませんよ」とか「お母さん
> はすぐ戻って来られますよ」と対応される場合もあるかもしれませんが、
> バリデーションでは、意識のどこかではこの女性高齢者は真実を知って
> いると考え、母親に会いたいというその人の気持ちに寄り添います。

▶ **理論的前提 / 根拠**
フロイト、前意識、意識、無意識

基本的理念（原則） 10

五感が衰えてくると、認知症高齢者は「心の感覚」を使います。「心の目」を使って過去のことを見たり、「心の耳」で過去の音を聞いたりするのです。

....

例 ある女性は、子どもたちが自分を呼んでいるのが聞こえます。彼女は子どもたちにとってよいお母さんでありたいのです。バリデーションワーカーは、それを受け入れ、たとえばこう尋ねます。「お子さんの声が聞こえるのですね。お子さんは何人おられたのですか？」

例 ある女性は、隣の部屋から娘が泣いているのが聞こえます。毎晩のことです。その人の娘は17歳のときに亡くなったのですが、母としてしっかりと悲しむ時間を取ることができないまま暮らしてきました。そのことをうしろめたく思っているのです。介護者は、それを受け入れ、たとえばこう聞きます。「娘さんのことが恋しいのですか？」

> ▶ **バリデーションワーカーの行動**
> 認知症高齢者が私たちには見えないもの、聞こえないものを見たり聞いたりしているとき、それはその人にとっての現実の一部なのだろうと受け入れ、その人は人間としての欲求を満たそうとしていることを理解します。

▶ **理論的前提 / 根拠**
ワイルダー・ペンフィールド：人間は脳を刺激して鮮明な視覚、聴覚、身体感覚の記憶を蘇らせることができる。

ある出来事、感情、色、音、匂い、味、映像によって、ある感情が湧き上がり、それが引き金となって過去経験した同じような感情が蘇ります。今も過去と同じような反応の仕方をします。

例　ある女性は、病棟にガラガラと配膳車がやってくるたびに、ひどくおびえた様子でソファのうしろに隠れています。彼女は4歳のとき、戦車が故郷の通りをガラガラと走り、家を砲撃された経験があるのです。彼女はそのときと同じ恐怖を感じています。バリデーションワーカーは、これを受け入れ、たとえばこのように聞きます。「何か大変なことがあったのですか？」。

> ▶ バリデーションワーカーの行動
> 過去の経験が誘発されることがあることを受け入れ、善悪の判断することなく、共感をもって、その感情を探索します。

▶ 理論的前提 / 根拠
幼いときに根づいた感情的な記憶は、高齢になるまで残る。Schettler & Boyd.[5]

5　J. Lehrer, Proust Was a Neuroscientist, Houghton Mifflin Co., NY, 2007

マズローの欲求の
ピラミッド

　前述の基本的理念（原則）6（22ページ参照）は、マズローの人間の
欲求階層説のピラミッドに言及したものです。アブラハム・マズロー[6]
(Abraham Maslow 1908-1970) は、人間の欲求に関する説を提唱した心
理学者です。

　人間は心理的欲求や社会的欲求の前に、まず生理的欲求（飢え、喉の渇き
など）、それから安全欲求（安全、安心）が満たされなければならないとしま
した。マズローの欲求の階層は、見当識が保たれている健康な人だけではな
く、見当識障害のある高齢者にもある程度あてはまるでしょう。完全にあて
はまるわけではありませんが、多くの場合意味をなし、認知症高齢者をより
よく理解できるようになります。

　私たちの行動のほとんどは、何らかの欲求（ニーズ）によって突き動かさ
れています。認知症高齢者も同じです。行動には理由があります。ほとんど
の行動は、次のページの表の欲求のいずれかに起因するものと考えられます。

6　マズローの情報の出典：R Atkinson et at, Introduction to Psychology, Harcourt Brace Jovanovich
　　College Publishers, 1993 (11th ed.)

マズローの階層的欲求	認知症高齢者にあてはめた場合 （ナオミ・ファイルによる）
自己実現欲求 （自分の最大の可能性を実現する）	● 安らかな死を迎えるためにまだやり終えていないことを解決する欲求 ● 平和に暮らす欲求
美的欲求 （均整美、秩序、美）	● 視力、聴力、記憶力が低下したり、移動が自由にできなくなったりしたとき、心の落ち着きを取り戻す欲求
認識欲求 （理解、探究）	● 忍び難い現実を納得のいくものにする欲求 ● なじみのある人間関係をもち、居心地がよいと感じられる場所を見つける欲求
自尊欲求 （達成、承認してもらう 他者から認められること）	● 承認、地位、アイデンティティ（自己・自分らしさ）、自尊心への欲求役に立ち、有益でありたい欲求 ● 傾聴され、尊重されたい欲求 ● 感情を表現し、聞いてもらいたい欲求
所属、愛情の欲求 （他者と交流する）	● 愛されたい欲求 ● 所属したい欲求 ● 人と接したい欲求
安全欲求 （安心、安全と感じられること）	● 動けなくされたり、拘束されたりすることなく、世話をしてもらいたい、安心したい欲求
生理的欲求 （飢え、喉の渇きなど）	● 触覚、視覚、聴覚、嗅覚、味覚など感覚刺激を求める欲求 ● 苦痛や不快を軽減したい欲求

生理的欲求

感覚刺激を求める欲求と性的表現をする欲求の例

　ジェイコブ・マーラーさん（94歳）は、現在多くの時間は彼の現実の中で生きています。彼はいつも "よい子" で、青年期でも厳格な両親の言うことに素直に従ってきました。性的欲求を勉強に昇華していました。しかし、今は自分をさらけ出し、入居者や看護師の胸を触ろうとします。話をすれば、性的な言葉を言います。

所属・愛情の欲求、安全欲求

**愛されたい欲求、所属したい欲求、
世話をしてもらいたい欲求の例**

　ジョン・マークスさんの母親は、お産のときに亡くなりました。92歳になったマークスさんは、会うことのなかった母親への思いが募ります。施設で生活している多くの時間は自分の現実の中で生きていて、たまに幼児期に戻ります。母のようにやさしい80歳の女性入居者を自分の母親と思い、慕ってそばから離れようとしません。彼女に鼻を押しつけ、彼女の後を追い、置いていかれると泣きます。

自尊欲求

地位、自尊心、役に立ちたい、
自分らしさ（アイデンティティ）への欲求の例

　ジョセフィン・フランクさん（88歳）は、コミュニケーションがよくとれ、たいていの時間は見当識が保たれている女性です。60年間司書を務め、大変な読書家でした。読書によって自尊心を高め、図書の目録作成をして、自分が役に立つ人間であると感じてきました。

　しかし、近年視力が衰えてきました。視力が衰えると、ジョセフィンさんは自分が役立たずになったように思えてきました。彼女は柔軟に対応ができない人でした。社会的な役割がなくなったときも、新しいことを始めることができませんでした。押しつぶされそうな恐怖に向き合えず、処方された目薬のせいで視力が落ちたと医師を非難するようになりました。

自己実現欲求

安らかな死を迎えるために
まだやり終えていないことを解決する欲求の例

　レベッカ・ウォルフさん（86歳）は、14歳のときに中絶しました。現在、彼女は欲求や感情を動作や音を通して表現します。タオルを赤ん坊の形に丸め、母国語のロシア語で子守唄をささやくように歌い、泣きながらあやします。あやまちを赦され、母親でありたいという欲求が、彼女を日夜つき動かします。

　感情を表現することも、人間の基本的欲求だと考えることができるのは、私たちも経験からわかります。生のありのままの感情を表現するのは、認知症の人の大切な普遍的な基本的欲求によるものなのです。

人間の基本的感情

- 愛 / 快楽 / 喜び / 性的感情
- 怒り / 憤激 / 憎しみ / 不満
- 怖れ / 罪悪感 / 恥 / 不安
- 悲しみ / 惨め / 深い苦悩

- 嫌悪
- 驚き
- 苦痛

　あなたがバリデートしようとしている人の行動の裏にある欲求を理解することができれば、その人にもっと共感できるでしょう。そして、その欲求を言葉にして言えば、その人は理解してもらえた、受け入れてもらえたと感じるでしょう。

　これは、後述のいくつかのバリデーションテクニックの基礎となっています。

エリクソンのライフステージと
ライフタスク論[7]

　著名な心理学者エリク・エリクソンは、人生の発達段階とライフタスク[8]（発達課題）説を提唱しました。これは生物学的能力、心理的能力、社会的能力、意欲の相互関係に基づいたもので、年を重ねるにつれて変わります。ある年齢において、ライフタスクを達成できるかどうかは、それよりも前の年齢で前のライフタスクをどのくらい達成できたかにかかっています。

　私たちは、生まれてから死ぬまでの間、ライフタスクを成し遂げようと常に奮闘しています。後期高齢期になると、未解決のライフタスクを解決していこうとする欲求が現れます。未解決のライフタスクを解決することは、見当識障害のある高齢者の周りからは奇妙に見える行動の大きな理由の一つなのです（表）。

7　Erik H. Erikson, Insight and Responsibility, W.W. Norton & Co., New York, 1964.
8　Erik H. and Joan Erikson, The Life Cycle Completed, extended version, W.W. Norton & Co., New York 1997.

表 エリクソンのライフステージとライフタスク[8]及びナオミ・ファイルによる
各ライフタスクにかかわると思われる見当識障害のある高齢者の行動

ステージ	心理社会的危機と獲得される徳	見当識障害のある高齢者に見られる行動（この列はナオミ・ファイルによる）
乳児期	基本的信頼 対 基本的不信 [希望]	非難、絶望的、無力、役立たずだと感じる、新しいことを恐れる、感情を飲み込む。
初期 幼児期	自律性 対 恥、疑い [意志]	よい子に振る舞う、「ノー」と言えない、リスクを負うことを恐れる、自己不信、コントロールを失うのを恐れる、ためこむ。
遊戯期	自主性 対 罪悪感 [目的]	新しいことを試みない、失敗を受け入れられない、罪悪感、いつも泣いている、誰かに従う。
学童期	勤勉性 対 劣等感 [適格]	非難する、周りの人と比べて無能だと感じる、あきらめる、拒絶されるのを恐れる。
青年期	アイデンティティ 対 アイデンティティの混乱 [忠誠]	性的言動「男の人がベッドの下にいるわ」。権威への反抗と服従、依存関係やまわりの人へのしがみつき
前成人期	親しみ（親密）対 孤立 [愛]	自分の殻に引きこもり、他の人から孤立する、依存
成人期	生殖性（生み出す）対 停滞性 [世話]	昔の役割にしがみつく、他人にああしろこうしろと言う、「ずっと働いている」と言う、役に立ちたい、老いによる喪失を否定する。
老年期	統合（成熟）対 絶望 [英知]	抑うつ的、周りの世界に対する嫌悪、失敗を人のせいにする、無能だと感じる。

● 乳児期

　温かい母親の胸の中でおっぱいを飲んでいる乳児。すると、電話が鳴って、突然ベッドに寝かされてしまいます。寒くて、空腹で、怖くて、怒りがこみ上げてきます。乳児期には私たちは母親が戻ってくるという信頼を学ばなければなりません。寒さ、空腹感、恐怖、怒りを、なんとか乗り切っていきます。母親は必ず戻ってきます。このようにして、自分は愛される存在なのだということを母親が何度も何度も証明してくれます。つらいときも生き抜ける。お母さんが愛してくれる。自分を愛することもできる。なぜなら、自分は愛される存在だから。

　しかし、母親が戻ってくるかわからなければ、信頼を学ぶことなく、不信でいっぱいのまま幼児期に入ります。乳児期に、母親の愛を信頼できず、自分が愛される存在だと学ぶことがなかった子は、幼児期に自分を愛することも、信頼することもできず、幼稚園で走って、つまずいて転んでしまうと、「わざと転ばせたな！」と一番近くにいるクラスメートを責めたりします。自分は被害者です。そして、非難する相手を探します。悪いことが起こると責任を否定します。この子は"非難屋さん"になります。生き抜いていけることを信じないで、"非難屋さん"は社会が自分たちをめちゃくちゃにすると考えます。

　そしてこの子どもが高齢になり、ひざの関節炎が耐えきれず、転ぶと、清掃の女性が自分を転ばせようとわざと床にワックスをかけたと非難するでしょう。目がかすんでくると、スタッフが悪い電球を取り付けたと非難するでしょう。

　子どものときに向き合わなかった恐怖は、年をとって形を変えて再び現れます。現在の恐怖がきっかけとなり、幼いころの恐怖の記憶が蘇ります。小

さな頃、暗いクローゼットに兄に閉じ込められた経験のある女性が、高齢に
なり目が衰えてきたとき、あるいは暗やみで独りぼっちになったとき、悲鳴
をあげます。老年期の身体的喪失によって、幼い頃の喪失感の記憶が呼び起
こされます。似た感情は磁石のように互いを引きつけ、時を飛び超えていく
のです。

● 幼児期初期

　体の機能や感情の噴出をコントロールすることを学び
ます。このステージは「第一次反抗期」「魔の2歳児」と呼ばれることもあり
ます。2歳児の語彙は「私の / あなたの」「良い / 悪い」「私がやる / あなた
がやる」に集中しています。体の機能や感情の噴出をコントロールできるよ
うになると、意志が生まれます。「みて！　僕、ちゃんとできたよ」。

　しかし、もし親が「絶対汚してはダメですよ！」と何度も何度も繰り返し
言い聞かせたらどうでしょう。汚したらダメ、こぼしたらダメ、愛されるた
めには完璧でなければならないと学んだならば、意志は生まれないでしょ
う。自分はちゃんとできると信じようとしません。そして、さらに荷物を背
負いこみます。恥と自信喪失を抱えて老年期を迎え、ものにしがみつき、失
うかもしれないもの、必要になるかもしれないものをため込もうとします。

　ある女性高齢者は、気に入られたいがために介護者の言うことを何でも聞
こうとして、「これでいいかしら？」と始終聞いてきます。また、ある男性
高齢者は、どこに座るか、何を食べるか、何をするか、誰かが指示してくれ
るのを1日中辛抱強く待っています。愛してもらえないこと、罪を犯すこと
を怖れ、権威のある人からの承諾を求め、自分の排泄物をゴミ箱にためる人
もいます。

● 遊戯期

　幼児期初期以降、学校に入るまでの数年間を指します。
遊びを通して身の回りの世界を探検します。ままごとな
どのごっこ遊びで、カウボーイ、お姫様、お医者さん、
妖精になって、あらゆる可能性を試してみます。遊びが、欲求や感情を表現
したり、フラストレーションをうまく乗り切ったり、新しい能力を試したり
する一つの方法になります。自転車に乗れるようになり手放しをしてみた
り、毛布でテントをつくってみたり、塗り絵帳は「線からはみださない」よ
うにすることなど気にもせず、想像力あふれる色で塗ってみたりします。

　しかし、意志がなければ、子どもは新しいことに挑戦しようとしません。
親が遊びを止めたり、中に割り込んできたりするようなことがあれば、悪い
ことをしたと思います。「線からはみ出したらダメ」「散らかさない」「静か
に遊べないの？」「転んでズボンを汚すと思っていたわ」。親が幼児教育に熱
心で、遊びの部分を飛ばして、文字や数を教え、親の思い通りにしたときだ
け子どもを褒める場合もあるようです。

　子どもはふざけるのはダメ、失敗してはダメと学びます。手放しで自転車
に乗ったり、ジャングルジムのてっぺんに上ったりしようという勇気もあり
ません。このような抑制や不適切であるという感覚を、年をとっても背負っ
ていきます。

　そして、老年期になり、コントロールがうまくできなくなり失敗を避けら
れなくなると、何かにしがみつこうとします。さらに失うのをくいとめよう
と、ものを集める人もいます。性的能力を失うのが怖くて、杖やナイフ、鍵、
財布などを集める男性高齢者もいます。他人を責める人もいます。「天井か
ら雨漏りがする。雨が降るたびに、私のベッドに水が落ちてくるのに誰も直
してくれない」という女性高齢者は、自分の失禁を受け入れられないでいま

す。また、ある女性高齢者は、ハンドバッグを母親としてのアイデンティティの「シンボル」として使っています。この人は、失敗するのではないかという不安から、ハンドバッグに紙や砂糖、塩、ナプキンを詰め込んで、心を落ち着けようとします。コントロールができなくなればなるほど、どんどんものをため込んでいくのです。

● 学童期

　学校に通うようになると、新しいことを学ぶ楽しさを知り、学ぶことへの意欲が高まりはじめます。先生や歴史的人物・架空の人物が、新しいお手本になります。精力的にすることが楽しく、よい成績をとろうと努めます。

　もし教師や親が全くほめてくれない、あるいはもっとひどい場合はいつも酷評してばかり、あるいは満足してくれないと、自分は無能だと感じてしまいます。やってもやっても十分ではない。このような状況になると、多くの子どもは、過度の競争心を持つか、あきらめるかのどちらかを取ります。

　競争心の強い人は、十分にできたというようなときがなく、常に戦いながら人生を歩むことになるでしょう。

　このような人が通常能力の衰える老年期になると、その喪失に耐えきれず、古い対処方法を使って失敗から言い逃れをしようとしたり、大企業の上司だったときのように、老人ホームのスタッフに向かって大声で命令したりします。

　一方、あきらめる人は、惰性で人生を送ります。自分は十分なことはできない、十分ではないからと、誰の期待にも応えようとしません。始める前からあきらめているのです。ある女性は、行事に参加するのを拒み、ベッドに寝たままでいます。よく歩けなくなったから、あるいは耳がよく聞こえない

からと、拒絶されるのを恐れているのです。次第に、この人は動けなくなり、内に引きこもっていきます。

● 青年期

　ティーンエイジャーは、親など世話をしてくれる他者への依存を断ち切り、反抗しようとします。15歳になると、母親は"邪悪な魔女"に、父親は"恐ろしい大蛇"になって大嫌いな権威の炎を吐き出します。私たちは親の決めたルールを拒み、反抗します。自分自身の価値を見つけ、自分のルールをつくる必要があるのです。自分が何者かを知るため、愛する人から離れるために戦います。たとえ親に戦いを挑んでも、親は自分を愛してくれるということを乳児期に学んでいれば、反抗するリスクを冒すことができるのです。

　しかし、親から無条件の愛を受けていなければ、反抗は危険です。戦いを挑み、服従しなければ、母親や父親はもう愛してくれないかもしれない。見捨てられてしまうかもしれません。そうすると独りぼっちになります。そこで、降伏し、よい子で、いつも親の言うとおりにします。自分が何者か学ぶことなく、親や権威から決別しようとしません。教師にとってよい生徒であり、上司にとってよい部下です。自分のアイデンティティを外の世界から拝借し、自らアイデンティティを見つけようとしません。依存関係を断ち切ることもありません。家族や家なしに、車いすで、ひとりで人として生きることを学ぶことはありません。いつも誰かの何かでなければならないのです。

　このタイプの高齢女性は、子どもや近所の人、老人ホームのスタッフにしがみつきます。絶えず何かに苦しみ、「頭が痛い、お腹が痛い、背中が痛い」と体の痛みを訴えます。また、「一人の母親は10人の子どもを育てることは

できるのに、10人の子どもは一人の母親の面倒を見ることもできない」と
すすり泣きます。

● 前成人期

　私たちの課題は、ほかの人間と親しくなることです。
ティーンエイジャーのときに、アイデンティティを獲得
していれば、拒絶されるのを恐れることなく、「あなた
を愛している」「あなたが嫌い」というゆとりができま
す。愛することは、愛されているかどうかに左右されません。たとえ拒絶さ
れたとしても、何とかやっていけます。自分のアイデンティティと、愛する
人のアイデンティティとは別ものですから。傷つけられるかもしれないとい
う危険を冒すことができます。

　しかし、これよりも前のライフタスクを成し遂げていなければ、親密さを
求めようとしないでしょう。もし子どものときに、自転車のハンドルから手
を放しても大丈夫と自分を信じることができなかったら、成人期の心の中に
ある問題を乗り越えることができるでしょうか？ 乳児期における見捨てら
れるのではないかという恐怖、子どものときの失敗の苦しみ、ティーンエイ
ジャーのときの拒絶される恐怖から、他人に近寄らないようになります。孤
立し、新しい荷物を背負います。

　老人ホームでは、人目を避けて一人で座ります。視力や聴力が衰える中、
外の世界からの刺激がなく、どんどん内へ内へと引きこもっていきます。

● 成人期

成人期になると、新しい価値を生み出すという同じ過程ではあるものの、2つの変化があります。第一に、「成人としての生活」を生み出します。結婚をして、子どもを持ち、仕事のキャリアを積みます。第二に、年を重ね、人生の状況が変わってくると、新しい生き方を生み出します。中年における課題は、加齢とともに生じる、人生の色々な喪失を乗り越えることです。しわが深くなり、髪が薄くなるのを目の当たりにします。しわのできた肌は骨になじまず、目の下のたるみはもとに戻りません。鏡をのぞき込んで見ると、5年前と何もかも同じように見えるけれども、すべてが少し下がっています。

喪失が怒涛のように突然降りかかってくる人もいます。配偶者の死、乳房、腎臓、職を失う、等々。喪失に向き合い、嘆きます。鏡を見て、不老不死ではない事実を受け入れます。中年になると、私たちは気持ちを切り替え、生きるためのレパートリーを広げ、人生のピアノに新しい鍵盤を加えていきます。妻が亡くなってから、親友を見つける。職を失えば、ボランティアをはじめます。

しかし、完璧でなければならない、コントロールを失ってはならないと学んできた場合、素直な気持ちや苦悩を誰にも吐露することはできません。では、どうやって中年の傷に向き合うことができるでしょうか？配偶者がいなければ、自分はただの人。仕事がなければ、価値がない人間。胸がなければ、性的魅力がない。そこで生きていくために、失ったものの影響を否定します。人生の新しい鍵盤を学ぶ危険を冒すことができないので、古い鍵盤をたたき続けます。過去のものとなった役割にしがみつきます。

妻を亡くした男性は、「他の人では駄目だ」と新しい関係を拒み、音楽愛

好家は「高すぎる」と補聴器を買うのを拒みます。会社役員だった人は、「私の時間には、お金の価値があるんだ」とボランティアの仕事をばかにします。過去のものとなった行動にしがみついて行き詰まっているのです。

　その元会社役員の人が、「解決」期の第2のフェーズに入っていくと、車いすを書類整理棚の代わりにして仕事を続けようとします。母親であり続けなければならない女性には、手が赤ちゃんの代わりになります。畑を耕したい農家の人にとっては、薬を運ぶカートがトラクターになります。このような高齢者は、自分の仕事にしがみつかなければならないのです。他にすることがありません。鍵盤がひとつしかなくて、内に閉じ込められているのです。

● 老年期

　エリクソンによると、老年期のライフタスクは人生を振り返ることです。過去を振り返り、自分がどうであったかを整理します。未来を見るために、過去を振り返ります。ある女性は言います。「私の人生は何だったのだろう？　私は母親だった。たくさんの失敗をした。でも、失敗から学んだ。いいこともたくさんしたわ」。それから今の自分を理解しようとします。「私はもう高齢。夫は亡くなった。でも気心の知れた親友に気持ちを話せるわ」。

　同時に、このようになれたはずなのにということも考えます。「大女優になりたかった。でもなれなかった。その代わり、演技力を生かしていい教師になろうとした。私は自分が好き。かなわなかった夢、失敗したこと、失ったものはあるけれど、生まれてきてよかった。自分を尊敬する。私は誠実だ。妥協することもできる。今の私、過去の私、かなわなかったことをありのまま受け入れることができる。自分が好き。人生は生きる価値があるもの。車

いす生活になったけれども、しっかりしなければ」。これまでのライフタスクに向き合ってきた後期高齢者は、あえて思い出を語り、自分が選択してきたことを受け入れ、ありのままの自分を受け入れます。

● 統合と絶望

　老年期における「統合」とは、弱点があっても自分の強みを認めるということです。エリクソンによると「統合とは現実的自己と理想的自己との融合」です[9]。統合した状態であれば、高齢者は深い自尊心によって加齢につきものの傷をいやすことができます。統合した状態であれば、古いパターンがうまくいかなくなっても、新しい生き方における危険を冒すことができます。

　しかし、体のエネルギーを失い始めたとき、あるいは目がかすむ、髪が薄くなる、近時記憶が衰えてくる、退職した、そんなとき、自分を愛してくれる人はひとりもいないと思うと、どうでしょう。人生は泥沼で、あなたはそこにはまり込んでしまうでしょう。あなたはこう考えるかもしれない。「私が生きようが、死のうが、誰も気にしない。死んでしまいたい」。衰えてきたとき、それにまさる、ありのままの自分を受け入れる深い自己受容がなければ、絶望が待っています。

　絶望を何もなかったかのように無視していると、低い音をとどろかせてうつに変わります。抑圧された感情が爆発した状態になるのです。これまでうまく封じ込めてきた激しい怒り、反抗、恥、愛などの感情が、封じこめられたまま力を増していきます。耐えきれない荷物を背負ったまま私たちは高齢に向かっていきます。寿命が延び、これまで経験したことがない新種の世代

9　Erik Erikson, Childhood and Society, WW.Norton & Co., New York, 1950, 1963

ともいえる高齢の人たちが増え、肺炎はもはや「65歳の高齢者の病気」ではなくなりました。統計でもほとんどの人が長生きすることが示されています。

● 老年的超越

エリクソンは80代のときに、自身の説にさらにライフステージを追加する結論に行き着きました。そして夫人のジョーン・エリクソンが、夫の最後の著書「ライフサイクル、その完結 (The Life Cycle Completed) [10]」の増補版を出し、そこにラース・トーンスタム (Lars Tornstam) の研究「老年的超越」を導入したのです。老年的超越とは統合に続くもので、通常の日常の活動からは身を引き、日常生活の緊張や喧騒から解き放たれた状態と表現されています。必ずしも宗教的な意味ではない精神的なものに深く関わるようになります。エリクソンは宇宙との交わりという感情、身体的能力の縮小と時間感覚の拡大、死をライフサイクルの自然な終末として受入れ、自己の感覚が自我を超え人類を包含するものになる、と表現しています。

この素晴らしい状態を達成できるのは、身体の衰え、社会参加ができなくなること、愛する人を失うことなどによって孤立感を抱くのではなく、自身が身を引くことを選択する感情・身体的力量のある人です。一方、身体・精神的喪失に対応できないときに人が引きこもるのは、そのように選択をしているのではなく、防衛機構が働いているのです。

各ライフステージには、固有のライフタスク (発達課題) があります。それを無視すると、後のライフステージでまたその課題が登場します。ライフタスクを克服する機会は2度、3度とやってきます。ライフタスクを一度で成し遂げることはめったにありません。また完全に終了するライフタスクも

---

10 脚注8を参照

ありません。一生を通じて、いつも感情に向き合い、自分に正直でなければなりません[11]。

もし、あなたが62歳のときに、見知らぬ土地で道がわからず、標識が悪いと非難する自分に気づいたら、あなたが"非難屋"である事実に向き合うことができるのです。目が見えなくなるかもしれない恐怖を親しい友人に吐露したらいいのです。また見るための代わりの方法を捜すこともできます。あなたが友情関係にしり込みをしているのであれば、親密になることへの恐怖、拒絶される苦しみに向き合ってください。古い行動パターンに縛られることなく、あなたが変わればいいのです。何億もの脳細胞を持つ人間は、新しいつながりを作り出すことができます。

● 最後の奮闘のとき

私たちは生涯を通して奮闘しています[12]。発達段階においてすべてのタスクを達成している人はめったにいません。私たちは常に遡っては、未達成のライフタスクを拾い上げていかなければなりません。やり残したライフタスクは、その存在を否定し拒んできたとしてもついてまわります。

また、感情に向き合うと私たちは弱くなります。感情に向き合うのは恐ろしいものです。バランスを失います。老年期では、日々身体的喪失に襲われます。ですから、封じ込めてきたつらい感情に向き合おうともしません。しかし、自分の大切な感情をないがしろに生きてくると、老年期にコントロールを失い、介護者の言われるままの状態になったとき、生涯覆い隠してきた感情がついに爆発するのです。

---

11 Erik H. and Joan M. Erikson, Introduction: Reflections On Aging, in: Stuart Spicker, Kathleen Woodward, David Van Tassel (eds), Aging And The Elderly, Humanities Press, Atlantic Highlands, NJ., 1978.
12 Gail Sheehy, Passages, E.P.Dutton & Co., New York, 1974

ナオミ・ファイルの解決 対 引きこもり
（自分の中に引きこもっている状態）のステージ
統合の後のステージ

ナオミ・ファイルが 定義する （未解決のライフタスクをかかえた人の） 後期高齢期	解決 対 引きこもり （自分の中に引きこもっている状態） 安らかに死ぬ	フェーズ1 フェーズ2 フェーズ3 フェーズ4

　1963年、私が育った老人ホームに戻ってきたとき、170人の入居者のほとんどは、見当識があり、人の意見に歩み寄りもでき、今の自分を受け入れている人たちでした。加齢による体や知的な衰えがあるものも、それを乗り超え、生活を楽しんでいました。

　入居者のうち、混乱し、見当識を失っていたのは23人の高齢者だけでした。年齢は80歳から101歳。彼らは、"非難屋さん"、"苦しむ人"、"愚痴をこぼす人"、"徘徊する人"、"大声を上げる人"、"一定のペースで歩きまわる人"、"手でドンドンとたたく人"で、みんなに嫌がられていました。

　当時の私はわかっていなかったのですが、彼らは70年以上の間につらい感情を背負いこんでいたのです。彼らの「常軌を逸した」行動に憤慨していた見当識のある入居者とは別の特別棟で、私は彼らの介護をしました。感情をコントロールできない、あるいはコントロールしようとしない、社会の期待にそえない後期高齢者には、スタッフはほとんど関わりたがりませんでした。1930年代だったら、その23人の高齢者は肺炎や心臓病で亡くなっていたかもしれませんが、1960年代では医療の力で生かされていました。肉体の限界より長生きしていたのです。

後期高齢期にはさらに別の課題があることを、こうした高齢者が徐々に私に教えてくれました。私はこれを「自我の統合」に続く最後の課題（ライフタスク）「解決 対 引きこもり（自分の中に引きこもっている状態）」と呼んでいます。そして、この人生最後のステージを私は「解決」期と称しました。

　前のライフステージで未解決のままになっている感情を抱えている後期高齢者は、そのような感情を解決するために過去に戻ることがよくあります。人生最後の引っ越しのために荷造りをしているのです。過去の倉庫にしまい込んでいた汚れたものを整理しています。未解決の問題を解決するために、過去に引き寄せられているのです。

　これはエリクソンの老年期のように、意識的に過去を振り返っているのではありません。これは、安らかに死にたいという切実な欲求によるものなのです。老年期に「自我の統合」を達成した人であれば、「解決」期に入っていくことはありません。

　しかし、寿命が延びるのにつれ、人生最後の「解決」期に入っていく高齢者は増えていくでしょう。彼らは、耳を傾け、感情をバリデートしてくれる人を必要としています。それなのに、誰も耳を傾けてくれなければ、彼らは自分の中に引きこもり、欲求や感情も自分の中に閉ざしていくでしょう。外の世界からの刺激がなければ、高齢者は老人ホームの生ける屍の一人になってしまいます。

　バリデーションワーカーは、「解決」期にいる認知症高齢者の未解決の感情が完全に解決されることはないであろうということ、その人に何が起こっているのか、その内面を知るには遅すぎるということを知りながらも、耳を傾けます。そうすると、その人の感情があふれて出してきます。さまざまな感情は、受け入れられ、バリデートされれば、消えていきます。死ぬまでに完全に解決されることはなくても、高齢者は解決を試み続けます。未解決の問題などのほこりがない、きれいな家で死ねるよう、その準備をしているのです。

混乱（見当識障害）の理由
身体的衰えや社会的喪失の否認

● 身体的衰え[13]

　身体的衰えとは、細胞機能の低下や減少のことです。人の寿命は120歳に至るようになりました。しかし、今は過去となった若いときの役割にしがみついている人は、老いの兆候を否定しようとします。しわが現れ始め、縮んだ骨の上の皮膚がたるみ、髪の毛が薄くなり、夜の運転が難しくなってくる、人によっては乳房に腫瘍ができたり、前立腺や心臓の問題が出てきたりする中年の頃、身体の老化に対する否認が始まるのです。

　脂肪組織が蓄積し、脳や心臓の働きが悪くなっていく。このような身体的な衰えに向き合う対処方法を持ち合わせていない人は行き詰まります。しかし、老いは止まってくれません。中年期、老年期に、身体的衰えを否認していると、後期高齢期では空想の世界へ逃避することになりがちです[14]。実際、未解決のライフタスクを抱えている後期高齢者は、身体的衰えによって過去を蘇らせやすくなるのです。そして、最終課題のライフタスクを解決しようとします。

　耳が聞こえなくなると、心の耳で聞くようになる人がいます。たとえば、サムは幼稚園のときによくお漏らしをして、からかわれていました。サムが高齢になり、耳がよく聞こなくなると、心の耳を使うようになりました。そんなとき、友人がふざけて「賭ける？」と言っただけなのに、「濡れてる」と聞こえます。耳が聞こえない恥ずかしさは、過去に味わった同じ感情を磁石

---

13 Sue V. Saxon, Mary Jean Etten, Physical Change and Aging, Tiresias Press, New York, 1978
14 James J. Bartell, Donald D. Price, Two Experimental Orientations Toward a Stressful Situation and Their Somatic and Visceral Responses, Psychophysiology 14 (1977): 517-521

のようにひきつけます。少年時代にお漏らしをして、ほかの子どもに「濡れてる！濡れてる！」とあざ笑われたときに味わった恥ずかしさと同じ感情です。年老いたサムはこぶしを上げて、立ち去っていきました。こうして、サムは唯一の友人を失ってしまったのです。

　聴力を失ったことがきっかけで、過去に経験した不安な気持ちが呼び起こされます。うまくできないことに向き合えない人は、否認することが唯一の防衛機制なのです。自信がないために、ほかの人があざ笑っているのではないかと疑い始めます。そして、さらに自分の殻の中に入っていきます。元友人は、サムのことを「妄想症」だと言うようになりました。外の世界の音が聞こえなくなると、過去の音が聞こえやすくなります。苦しみを和らげるために、老人サムは母親の声を聞くようになっていったのです。

　もしサムが大人になってから、お漏らしに関わる「恥」の感情に向き合い克服していたら、年老いて耳が聞こえなくなっても、耳が聞こえなくなったことを受け入れ、自分の殻の中に引きこもっていくことはなかったかもしれません。未解決の感情を解決するという欲求もなかったでしょう。もっと若いときにそのライフタスクに取り組んでいれば、人生の「解決」のステージに入っていかずにすんだことでしょう。

　目にも変化が起こります。外の世界がぼんやりしてくると、心の中の世界がはっきりとしてきます。老年期になると視神経が損傷し、水晶体が黄変します。網膜が損傷しても、心の目を使うことができます。鮮明な像（直観像）によって過去の愛する人の姿が再現されます（シュトラーとボイドによると「あるイメージ（画像）が早く記憶に刷り込まれれば刷り込まれるほど、より長く保たれる[15]」。ワイルダー・ペンフィールドによると「患者自身が感覚器官を使わなくても、内部から（内的な刺激によって）記憶を想起できる[16]」。）。

---

15 F.G. Schettler, G.S. Boyd, Atherosclerosis, Elsevier, Amsterdam, 1969

▶ ある88歳の女性は、老人ホームの椅子にベルトで固定されて座っています。彼女には、太陽の反射によってできた縞模様が柵に見えます。彼女はかつて、馬が柵から逃げ出さないように気をつけるよう父親に釘をさされていました。

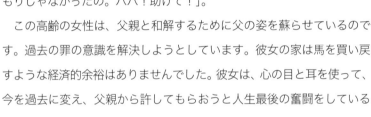

　年老いた彼女は、座ったまま鮮明な心の像を目の当たりにするのです。心の耳で父親の声を聞き、過去のにおいを嗅ぎ、彼女は叫びます。「パパ、馬が言うことを聞かないの。逃げ出した！そんなつもりじゃなかったの。パパ！助けて！」。

　この高齢の女性は、父親と和解するために父の姿を蘇らせているのです。過去の罪の意識を解決しようとしています。彼女の家は馬を買い戻すような経済的余裕はありませんでした。彼女は、心の目と耳を使って、今を過去に変え、父親から許してもらおうと人生最後の奮闘をしているのです。

　年をとるにつれ、脳は変化します。脳の代謝のためのブドウ糖と酸素が減り、神経系が損傷します。後期高齢者になると、筋肉や分泌腺の制御ができなくなりはじめ、腸や膀胱の機能も衰えます。

　しかし、遺伝や環境によって、年のとり方は人それぞれです。小さな脳梗塞や神経細胞の損傷（脳の老人斑や神経原線維の変化）が原因で近時記憶が失われる場合もあります。似たものを同じカテゴリーに入れるという知的な思考ができなくなる後期高齢者もいます。脳に問題がないときは、私たちは、いす、テーブル、机などは「家具」だと容易に判断できます。私たちは「い

16 Wilder Penfield, The Cerebral Cortex and the Mind of Man, in: Peter Laslett (ed.), The Physical Basis of Mind, Macmillan Co., New York, 1950

すとテーブル、りんごと？」のように同じ分類のものを考える問題に答えることができますが、論理的思考が難しくなっている後期高齢者の場合、りんごの後に続く言葉として、「オレンジ」とか「バナナ」などが思い浮かびません。

　また、年、月、週、日、時、分を時系列に並べることが難しくなります。後期高齢者にとっては、自分の記憶が時間の把握に大きく影響します。時計の時間ではなく、自分の時間軸で把握しようとします。現在と過去が混じり、時計の時刻がなくなります。

▶ ある高齢女性は唯一の生きがいである「母親であること」をあきらめきれず、「子どもに食事をさせなければ。お腹を空かしているの」と叫びます。「朝食を召し上がったばかりですよ。それにあなたのお子さんはもう大人になっていらっしゃいますよ」と言  われると、この高齢女性は、食べたばかりであることも忘れ、無味乾燥な施設で食事をするのもいやで、さらに大きな声で叫びます。子どもが大きくなったことも覚えていません。子どもに母の味を食べさせてやりたいのです。

　感覚器官が損傷する場合もあります。体内にある感覚細胞が脳に体の位置を伝えなくなるのです。自己の感覚がぼんやりしてきます[17]。

---

17 N. Feil, J. Flynn, Meaning Behind Movements of the Disoriented Old-Old, Somatics IV, No.2 (Spring/ Summer 1983)

▶ ドクター・スミスは、ひげをそってもらって
いるとき、鏡に映る自分を認識できなくなり
ました。「我を忘れて」行動します。自分がど
こにいるのか、何者なのかを、脳はもう知ら
せてくれません。ドクター・スミスは生涯、

性衝動を抑えてきました。それが、感覚器官の損傷を機に顕在化したの
です。いやらしい目つきで、ひげを剃ってくれている介護スタッフの胸
を撫で回します。「ドクター・スミス、サリーを不快にさせているのが
わかっているのですか？」と私が尋ねると、「私はドクター・スミスでは
ない。ドクター・スミスは、今クリニックで診察中だ。さあ、私のこと
はほっといてくれ。私は忙しいんだ」と言って、私を追い払いました。
身体感覚が損傷している彼は、心の目を使って、彼が何十年も実際そうし
てきたように、ドクター・スミスがクリニックで問題なく診療している
姿を見ていました。一方で、ひげを剃ってもらっているドクター・スミ
スは、未解決の性的感情を死ぬ前に完結しようといそしんでいたのです。

　自分の体が今どこにあるのか脳が認識できなくなると、高齢者は動作を通
して過去の世界に戻っていくこともあります。若いときからたたきこまれ、
何年にもわたって強化されてきた動作は、筋肉に記憶が残っています。ある
高齢者は、手首を少し動かすだけで、大工としての自分に戻りました。動作
が感情を引き起こすこともあるのです。

▶ カルプさん（女性）はほとんど目が見えないのですが、自
分の手を唇にあて、愛撫し、ささやくようにやさしく歌
を口ずさみ、「手の赤ちゃん」を揺り動かしています。こ
こでは、このような動作によって、カルプさんは赤ちゃ
んを抱いている様子を心にはっきりと思い浮かべていま
す。手は、彼女の赤ちゃんのように柔らかく、それが彼女の赤ちゃんに
なり、それによって母親としてのアイデンティティを取り戻しているの
です。

▶ 元弁護士のローズさんは、ベージェット病のために痛む左ひざをバンバ
ンたたきます。大声で「くそ判事、くそ判事」と叫び、目線は痛むひざ
に注がれています。指先で車いすの肘当てを行ったり来たり。行ったり
来たりの動作をする指先は、ローズさんにとって移動するためのいわば
「足」なのです。

指先の動作を通して、ローズさんの心の中では、かつて働いていた弁護
士事務所のあった通りに戻り、行ったり来たりの動作を続け、それが止
むことはありませんでした。ひざの痛みは、大きな訴訟で負けて、判事
に傷つけられたときの痛みと同じ痛みです。ローズさんは86歳になっ
て、行ったり来たりのなじみの動作をすることによって過去を再現し、

判事を懲らしめ、裁判を振り返っています。死ぬ前にそ
れらを解決しようとしているのです。

ぽんぽん軽くたたく、やさしく歌う、舌で音を鳴らす、
なでる、ドンドン打つなどの動作は、認知症の後期高齢
者には独特の意味があります。なじみのある動作によっ
て、過去を追体験しているのです。

● 社会的喪失

　愛する人が死ぬ、仕事を失う、職業人・母親・子ども・友人としての役割を失うと、高齢者は社会からの刺激を奪われます。触れてもらうこと、目線を合わせてもらうこと、認めてもらうこと、愛する人からバリデーションを受けることは、人間の基本的欲求です[18]。外の世界からの刺激がほとんどなければ、人は自分の中に引きこもっていくか、衰えていきます。刺激を失うことはアイデンティティを失うことにつながります。

　乳児期から後期高齢期に至るまで、私たちは他者との交流を必要としています。しかし、高齢者の中には車いすで動くこともできず、外の世界との接触がなくなってしまう人もいます。そうすると、心の中で感じていることと外で起こっていることが合致しているか、確認できなくなってしまいます。まわりの人の反応が必要なのです。

　社会的喪失を経験しても、それを否認する後期高齢者もいます。そのような人は、愛する人が亡くなったときも心の痛みをがまんします。その痛みを意識すると、やり切れない不安に襲われ、パニックに陥り、顔面が紅潮、手は冷たく湿り、涙と汗で動けなくなり、心臓の鼓動が高まることになるでしょう。

　心の痛みは、後期高齢者には耐えきれない動揺を引き起こします。高齢者は、忍び難い現実に独りぼっちで向き合うストレスを何とか切り抜けるために、自分の中に引きこもっていくのです。

18　Willard Mittelman, Self-Actualization, Journal of Humanistic Psychology 31 (Winter 1991): 114-135

混乱の中の英知

● 過去に戻る

　外の世界がかすむ。外界での出来事はどうでもよくなる。そこには気遣ってくれる人もいない。愛する人がいない。やることがない。視覚、聴覚、内省する力、移動能力が衰えていくと、自分の世界の中に入っていきます。認知症の後期高齢者は、人の名前を覚えようとはしません。近時記憶が次第に消えていきます。

　アパートに独りぼっちだったり、高齢者用のいすに座ったままでいたりすると、彼らは自分が何者かであった時代に戻っていきます。鮮明な記憶をたどり、自分が役に立ち、生産性高く、愛されていた過去を再現し、自分が本当に重要だと思ってやっていた時代に戻っていきます。尊厳を回復するために過去を追体験します。今目の前にいる人を喜ばせることは気にかけません。今の現実に満足できません。人は生きていくためには刺激が必要です。彼らは記憶を通じて自分を刺激します。現在が過去に置き換わります。行くところも、することもなく、誰とも会うことがないなかでは、昼夜が混沌としてきます。

　若かった頃の世界観が戻ってきます。自分らしさや意味を求めて人生を締めくくるために過去に戻ります。そして、次のような人間の基本的欲求を表現します。

> ### 見当識障害のある後期高齢者が表出している人間の基本的欲求

- 安らかな死を迎えるためにまだやり終えていないことを解決する欲求
- 平和に暮らす欲求
- 視力、聴力、身体的自由、記憶力が低下したとき、バランスを保とうとする欲求
- 忍び難い現実を納得のいくものにする欲求。なじみのある人間関係をもち、居心地がよいと感じられる場所を見つける欲求
- 承認、地位、アイデンティティ（自己・自分らしさ）、自尊心への欲求
- 役に立ち、有益でありたい欲求
- 傾聴され、尊重されたい欲求
- 感情を表現し、聞いてもらいたい欲求
- 愛されたい欲求、所属欲求：人と接したい欲求
- 動けなくさせられたり、拘束されたりすることなく、世話をしてもらいたい、安心したい欲求
- 触覚、視覚、聴覚、嗅覚、味覚など感覚刺激を求める欲求、性的表現をする欲求
- 苦痛や不快を軽減したい欲求

● 過去の記憶に戻る

　しかし、彼らはこうした欲求を「今、目の前にいる人」には表現しません。過去の人や過去の「物」に対して、コミュニケーションをとっているのです。自己中心的になり、周りの現実を遮断しようとします。言語中枢は、使われなくなったことや、脳の器質的変化によって衰えていきます。適切な言葉を引き出すことが難しくなります。また、人や物や関係性がわからなくなり、

たとえば「母親」を「子どものいる人」に分類できなくなります。そこで、心の奥深くに刻まれた自分の母親の記憶に戻るのです。

　若い頃から眠っていた脳回路が目覚めます。高齢女性が体を揺らして、母親を呼び戻します。その動作をすることによって感情が沸き上がり、愛されているという気持ちが蘇ります。合理的な思考が損なわれると、"より多くの非言語的な表現"をするようになります[19][20]。学習してきた論理的な言葉を失うと、高齢者は"原始的な発語パターン"[21]に戻るのです。これは、子ども返りしたわけではありません。

　よく覚えている記憶は、一生残ります。ワイルダー・ペンフィールドは、現在の刺激によって以前の記憶をはっきりと再生できることを発見しました。私たちは、誕生してから脳回路に保存された大切な光景、音、におい、感情を思い出し、蘇らせることができるのです[22]。言葉が話せなくなると、見当識障害のある後期高齢者は若いときに覚えた動作で意思疎通をします。動作が言葉の代わりとなるのです。

● 動作による認知

　スイスの心理学者ピアジェは、言葉より動作による認知が先に発達することを発見しました[23]。たとえば、乳児は母親がいないとき、母親がしてくれる動作をまねして、心の中で母親を呼び寄せます。母親は揺り動かしてくれる。自分の体を揺れ動かすことで、母親の存在を感じます。揺れ動く動きを

19 A. Zaidel, The Concept of Cerebral Dominance in the Split Brain, in: E.W. Busse (e&), Cerebral Correlates of Conscious Experience, Elsivier, Amsterdam, 1978: 263-284

20 P Wat2Jawick J. Bevin and D.D. Jackson, Pragmatics of Human Communication, W.W. Norton & Co., New York 1967

21 ペンフィールド注16を参照。

22 Russell Brain, Speech and Thought, and Wilder Penfield, The Cerebral Cortex and the Mind of Man, in: Peter Laslett, op. cit.

23 Jean Piaget, The Origins of Intelligence in Children, W.W. Norton & Co., New York, 1952

母親だと認識するのです。

　また、6か月の乳児は、母親を思い出すために、授乳のときのおっぱいを吸う動作をします。舌や唇を動かす動作の中に、母親を見つけ、安心するのです。

　学齢期になり、脳の構造が完全に形成されると、子どもは「母親」という言葉の定義、すなわち概念が理解できるようになります。母親は、「子どもがいる人」というカテゴリーに入ります。「母親」という言葉が分類され、左脳に保存されます。実在する物について、勝手に言葉を作って表現するのではなく、辞書に載っているような言葉を使って抽象的に考えることができるようになります。乳児のときに「吸う」動作を「母親」と考えていたことは、永遠の記憶の中に保存され、頭では忘れてしまいます。そうして、子どもは社会的動物になっていきます。

　一方、後期高齢期になって見当識を失い、辞書に載っている言葉を忘れると、永久の記憶の中に保存されていた動作が蘇ります。唇を動かし、言いたい言葉と似た音を組み合わせます。舌、歯、唇に心地よく調和するように、指で絵を描くがごとく母音や子音をつなげます。話すことができなくなった高齢者に、子どものときの言葉遣いや、詩、お祈り、歌が戻ってきます。

● 言葉を失うことで独自の言葉を作り出す

　知的機能がさらに衰えると、その人独自の言葉が増えてきます。これも過去への道なのです。以前の記憶が鮮明に蘇ります。

　ゴゴリックさんは、老人ホームでカーテンをじっと見つめていましたが、ふとこのように言いました。「あれは『フェンデラ』社の『シモファイル』『コンタブレーション』ね」。私はゴゴリックさんの言葉の意味がわからず、言語学者に何度も相談をしました。そして、10年後にやっと彼女の独特な言

葉の背後にある意味を発見したのです。ゴゴリックさんは、かつてファイルを整理する仕事をしていました。そして、私（ナオミ・ファイル）の名前が『ファイル』。現在の『（ナオミ・）ファイル』がいる会社のカーテンは、昔彼女が『ファイル』の整理担当として働いていたときの事務所のカーテンに『似て（英語でシミラー）』いました。彼女は『シミラー』と『ファイル』という単語の音をくっつけて、彼女独自の言葉『シモファイル』を新たに作り出したのです。

　また、ゴゴリックさんは簿記の仕事をしていました。そして今、目の前の『カーテン』を眺めて、気づいたことを『集計し（タブレート）』、『カーテン』と『タブレート』をつなぎ合わせて、彼女独自の『コンタブレーション』という言葉を作ったのです。『フェンデラ』というのは、『メモラブル・フレンズ・フロム・ザ・パスト（思い出の仲間達）』というフレーズを連結させたものでした。ゴゴリックさんは、彼女独特の語彙を用いてコミュニケーションをとっていたのです。

　見当識障害のある高齢者は、心の中で完結していない問題を解決するために、過去に戻るのです。抑えることのできない感情を動作や独特の言葉を使って表現します。

● 見当識障害のある後期高齢者の英知

　見当識障害は退行のプロセスともいえます。しかし、高齢者は子どもではありません。子どもは、成長できます。新しい事実、新しい言葉を学ぶ意欲があり、確立された大人のルールを使ってゲームもできます。論理的思考や、人やものの分類ができるようになり、似ているものと違うものを比較します。時計の時間を学び、授業時間、遊びの時間、寝る時間を認識するようになります。自己と他人を認識し、感情をコントロールし、大人の言うこと

を聞くようになります。子どもを世話する人は、子どもを教え、成長を助けなければなりません。

　一方、見当識障害のある高齢者は、すでに成長しています。経験や直感から得られる英知によって、高齢者は過去に戻り、やり残したことを整理したり、愛やアイデンティティなどの基本的欲求を満たそうとします。社会のルールに合わせるのではなく、自分のルールに従って過去の経験を振り返ろうとします。過去に戻れば、つらい現在や、役に立たないという感情、孤独感から逃れることができるのです。

　見当識障害のある高齢者は現在の日にち、時間、場所を意識することは、ほとんどないでしょう。自分の居場所がないところで時間を追う必要があるでしょうか？ですから、老人ホームの若い介護スタッフが、若くて生産性の高い社会の基準に従って彼らの行動を変えようとしても、応えてくれないでしょう。彼らは自分の根幹となる部分に戻り、耳を傾けようとしない人、反論してくる人を無視したり、怒ったりします。自分のなかで過去を復元し、引きこもる欲求が起こるのを阻んでいます。

　このようにして見当識障害のある高齢者は生き抜こうとしているのです。

バリデーションの対象となる "見当識障害のある" 高齢者の特徴

見当識障害のある（後期）高齢者の特徴は以下のとおりです。

- 柔軟性に欠ける行動パターンをもつ。
- 過去のものとなった役割から離れられないでいる。
- 未解決の感情を抱えている。
- 生き抜くために今の現実から引きこもっている。
- 認知機能がかなり低下し、洞察をすることが難しくなる。

このような人には、バリデーションが有効です。彼らは多かれ少なかれ、有益で充実した人生を送ってきた人です。おびただしい数の喪失に押しつぶされそうになる前は、問題なく生活していました。しかし、視力、聴力、近時記憶、社会的役割、仕事、家、移動手段などを次々に失うと、多くの喪失を認めるよりも、むしろ引きこもってしまうのです。

これまでは、人生の危機に直面したときに、その危機を否定することによってうまく乗り越えてきたかもしれません。しかし、後期高齢期になり、危機が次々と襲ってくると、負担があまりにも大きくて、現実から逃避するのです。他に対処する方法を見つけることができないからです。

嵐の中をさまよう人のように、見当識障害のある高齢者は、安全な避難場所を求めて過去へと避難していきます。過去は現在の痛みを和らげ、なつかしい思い、なじみの通り、愛する人、仕事を呼び戻してくれます。

ケスラーさんという女性高齢者は、現実を理解させようと働きかける若い

介護スタッフに背を向けました。ナオミ・ファイルが勤めていたモンテフィオール老人ホームを記録した「昨日を探して（Looking for Yesterday）[24]」という映像の中で、「私の頭の中のヌードルのもつれをほぐすために昨日を探しているのです」と、過去に戻る説明をしています。

　ケスラーさんは、「Dementia（認知症）」と診断されていました。英語の「Dementia（認知症）」という言葉は、ラテン語の「dis（失って）」と「mens（心）」に由来しています。　つまり心を失っている、持たないという意味なのです。しかし、心がなければ、ロシアの農家出身の86歳のケスラーさんは、あのように詩的な表現はできなかったでしょう。やがてケスラーさんは、言葉、論理をほとんど失い、個人の感情の領域で、言葉、音、体の動きを組み合わせながら、自分を表現するようになりました。

　コルク栓がポンと抜け、抑えていた感情があふれ出します。バリデーションでは、時に論理的というよりは詩のように自己表現をする見当識障害のある高齢者の行動を認め、受け入れ、尊重します。

　バリデーションは、医学的診断名にかかわらず、次のような特徴をもつ見当識障害のある高齢者に役立ちます。

- おおむね80歳を超えている[25]。
- 見当識障害の原因が、精神疾患、パーキンソン病、コルサコフ症候群、若年性アルツハイマー病、ピック病、尿路感染症、薬物不耐性、脱水症、ビタミン欠乏症などによるものではない。

24 Edward Feil, Looking for Yesterday, film (Cleveland, Ohio: Edward Feil Productions, 1978)
25 年齢は相対的なものであり、人によって年のとり方は違います。90歳でも外見も行動も70歳のような人もいれば、60歳でも90歳の人のような行動をする人もいます。ですから80歳以上というのは、あくまでも一般論にすぎません。例外はたくさんあります。私の経験では、ほとんどの人が80歳を超えると加齢に伴う身体的な衰えを感じるようになります。また安らかに死ぬために自分の経験を整理しはじめるのです。

見当識障害は、以下のような喪失体験とその喪失に対応できないことによって起こります。

身体的喪失	・脳の損傷や感覚（視覚、聴覚、触覚、嗅覚、味覚）の低下 ・活動性が低下することが多い。
心理的喪失	・生涯を通じて、喪失を経験してもそのことを否定してきた。 ・対応すべき未解決のままの人生の課題や危機がある。 ・最近の記憶が昔の記憶にすり替わってしまっている。
社会的喪失	・社会における地位の低下 ・重要な役割の喪失（母親、家の所有者など）

　誰一人として同じ人はいませんから、後期高齢期に誰にでも起こり得る身体的、社会的な変化が生じたとき、その対応方法は人によって異なります。ほかのライフステージに比べると、老年期に見られる個人差は大きいです。そのため、見当識障害のある高齢者を「認知症」あるいは「アルツハイマー型認知症」としてひとくくりにしてしまうと、効果がない援助法で支援してしまうことにもつながります。

　後期高齢者の中には、脳構造に重度の損傷があるにもかかわらず、人生の困難を乗り越えて見当識が保たれている人もいます。同じような脳損傷があり、見当識が著しく低下している人もいます[26]。脳の状態は一つの基準にすぎず、正確な診断をするための十分な情報にはなりません[27]。老年期の人の行動は、その人が身につけた対処方法のレパートリーや、身体的・社会的な

26 J.B. Aker, Arthur C. Walsh and J.R Beam, Mental Capacity, Medical and Legal Aspects of Aging, McGraw-Hill Book Co., New York, 1977
27 Adrian Veiwoerdt, Clinical Geropsychiatry, Williams & Wilkins Co., Baltimore, Md., 1976

喪失を組み合わせたものに影響されるのです。

　幅広い行動パターンをもっている人は、後期高齢期になって身体の衰えに直面したとき、うまく対応できる可能性が最も高くなります[28]。実はこうした人にはバリデーションは必要ありません。生涯を通して、自分自身をバリデートしている人ですから。

　バリデーションは、以下のような人のために当初考案されたのではありません。

- 見当識が保たれている人
- 精神障害を抱えている人
- 器質性外傷のある人（すなわち、脳梗塞や転倒による失語）
- 比較的若い高齢の人

　このような人たちも衝動的な行動をするときがありますが、このような行動は変えることができるか、あるいはその行動が、押し潰されそうな喪失に対処できないことによるものではないかのいずれかです。介護者の目標は、問題に向き合わせること、行動療法、洞察などを通して行動を変えることになります。

　一方、バリデーションの目標は、洞察をさせたり、事実に向き合わせたりすることではありません。見当識障害のある高齢者は、もはや客観的で柔軟な思考が十分できないからです。けれども、バリデーションが重視している共感、温かさ、敬意、高齢者を知り、高齢者の目標を理解するという価値観は、ほとんどの人に適用できます。そして、しばしばバリデーションのテクニックが役立ちます。

---

28 Julius Weil, Special Program for the Senile in Home for the Aged, Geriatrics 21 (January 1966): 197-202

診断名と分類の変遷

● 認知症

　Dementia（認知症）という言葉は、19世紀初頭にフランス人の研究者ピ
ネル（1745-1826）とエスキロール（1772-1840）が、脳の病変が原因の精神
機能低下と知能障害をさして初めて使ったものです。「老年期認知症」は、加
齢に伴う進行性脳変性疾患と考えられていました。近年、専門の文献[29]では
「認知症」という言葉は、複数の症状が混ざった包括的な用語として使われて
います。高次脳機能・認知能力、つまり、記憶、思考、見当識、理解、計算、学
習能力、言語、判断などの慢性的な進行性衰退をさしています。感情のコン
トロールの喪失、社会的行動やパーソナリティの変化に、多くの場合、認知
機能の低下が伴います。認知症は、多発性梗塞などの脳血管障害、HIV/ エイ
ズ、薬の過剰投与、頭部外傷、パーキンソン病、ハンチントン病、アルツハイ
マー病、ピック病、コルサコフ症候群など、さまざまな原因によって引き起
こされます。しかし、検査では認知症の原因となる病気や病状が特定できな
いケースもたくさんあります。

　用語は混乱状態で、これまで認知症の症状がある高齢者を表現するのにさ
まざまな言葉が使われてきました。「老年期認知症」「初老期認知症」「慢性脳
器質症候群」「アルツハイマー型認知症」は、患者のカルテに診断名として
頻繁に書かれています。また同じようなタイプの患者を表現するのに、国や
地域によって異なる言葉が使われています。

---

29 DSM 5, American Psychiatric Association Diagnostic & Statistical Manual of Mental Disorders, 2013, as well as P Wright, J. Stern, M. Phelan (ed), Core Psychiatry, W.E. Saunders Company London, 2000

　この混乱のひとつの理由は、この分野の変化が非常に激しく、毎年のように新たな発見があることです。新しい情報が出てくると新しい学名が生まれます。診断区分で広く使われている2つのマニュアルがあります。アメリカ精神医学会発行のDSM（精神障害の診断・統計マニュアル）と、世界保健機関発行のICDの精神と行動の障害国際疾病分類です。

　この2つのマニュアルには、非常に具体的な診断と各病気、病状の特定の仕方が記載されています。これらは、最新の研究に従い、定期的に更新されています。

● アルツハイマー病

　1906年、アロイス・アルツハイマーは、51歳の女性の脳を解剖して調べ、「神経原繊維の中に顕著な変化が見られ……細胞皮質の中には特異な物質」が観察され、独特の病気の過程だと結論づけました。この過程を「アルツハイマー病」と、アルツハイマーの師であるクレペリンが名付けました。この病気による衰退は急速で、若いときに発症するほど重篤な経過になります[30]。

　バトラーとルイスはその進行の様子を次のように表現しています。「まず認知力の低下、次に失語症、情緒不安定、パーキンソン病のような足取り、痙攣性発作が起こり、嚥下困難が増す。失禁と消耗症と共に、無力感が広がる。発症は40代や50代で、発症から4、5年以上生きることはほとんどない[31]」。免疫系が冒されるため、主に肺炎や心臓病で亡くなっており、当時

30 Marian Emr, Progress Report on Senile Dementia of the Alzheimer's Type, NI11 Publication No. 81-2342, National Institute on Aging, Rockville, Md., September 1981
31 Robert N. Butler. Butler, Myrna I. Lewis, Aging and Mental Health, C.V. Mosby Co., New York, 1977: 88

アルツハイマー病の人が65歳になることはめったにありませんでした。

　1978年までの分類では、アルツハイマー病は初老期認知症のひとつでした。最終的に診断は死体解剖に基づいて行われました。脳に老人斑と神経原線維変化がある場合、「アルツハイマー病」と診断されたのです。神経原線維変化とは、1906年にアルツハイマーがミュンヘンで初めて使った言葉で、神経細胞内の異常な対合線維、らせん状フィラメントです。老人斑は1892年にブロックとマリネスコが最初に発見した神経細胞の退化プロセスで、脳細胞の表面膜に「アミロイド」というたんぱく質が蓄積・沈着し、損傷の原因となります。

　その後、若年性アルツハイマー病の別のマーカーが発見され、また病気になるリスクが高いことを示唆する遺伝子マーカーも特定されました。これらは、病気の決定的兆候ではありませんが、死体解剖時に発見された情報を裏付けるものです。

　死体解剖では、後期高齢者と初老期認知症の若いアルツハイマー病患者の脳構造には類似点があることが示されました。ブレストら[32]は、老人斑と神経原線維変化の数を数えました。その結果、初老期認知症と老年期認知症とを区別しなくなりました。まもなく、どちらのカテゴリーもアルツハイマーと呼ばれるようになり、アルツハイマーという名前は、老齢と同意語になり、瞬く間に一般的な言葉になりました。

　ヘストンとホワイト[33]は、著書「失われる心（Vanishing Mind）」の中で、このように述べています。「アルツハイマー病と老年期認知症は現在一つの病気と見られている。ここ数年間、この２つの言葉は正式な情報伝達の

---

32 G. Blessed, B.E. Tomlinson and M. Roth, The Association between Quantitative Measures of Dementia and of Senile Change in the Cerebral Grey Matter of Elderly Subjects, British Journal of Psychiatry 114 (1968): 797-811

33 Leonard L. Heston, June A. White, The Vanishing Mind, W.H. Freeman & Co., New York 1983, 1991

場では使われず、アルツハイマー型認知症(DAT: Dementia of Alzheimer type)、アルツハイマー型老年期認知症（SDAT: senile dementia of the Alzheimer type)と呼ばれるようになった。しかし、発症年齢にかかわらず、基本的病気のプロセスは同じであると考えられている」。

● 認知症とアルツハイマー病に関する DSMとICDガイドラインの比較

　アメリカ精神医学会が発行しているDSM-5（精神障害の診断・統計マニュアル第5版）は、認知症診断に関してDSM-IVと全く違うアプローチをとっています。章のタイトルは、「アルツハイマー病による認知症またはアルツハイマー病による軽度神経認知障害 "Major or Mild Neurocognitive Disorder Due to Alzheimer's Disease"」。アルツハイマー病を遺伝的原因か、a) 記憶、学習の低下、および他の認知機能領域の1つ以上の低下、b) 着実に進行性で緩徐な認知機能の低下で、進行が止まることはがない、c) 混合性の原因がない（他の神経変性疾患や脳血管障害、他の神経疾患、精神疾患、全身疾患など）にさらに区別しています。

　また「ほぼ確実なアルツハイマー型認知症（Probable Alzheimer's disease）」「疑いのあるアルツハイマー型認知症（Possible Alzheimer's disease）」についても言及しています。ICD（精神と行動の障害国際疾病分類）の最新版では、「神経発達症群（Neurodevelopmental disorders）」という全般的な用語が使われ、DSMと非常によく似た診断基準が使われています。これらのガイドラインの基準には、以下が含まれています。

- ゆっくりと発症する。いつ発症したのか特定するのが難しい場合がある。
- 進行性の低下

- 記憶障害（新しい情報の学習、回想力両方）、失語（言葉の問題）、失行（ものを使ったり、運動をしたりすることができない）、失認（ものの認識ができない）、計画、まとめる、判断・洞察するなどの実行機能の喪失など、認知障害の程度が著しい。これらの喪失が重篤で、仕事や社会の中で機能できない原因となっている。
- これらの症状について他に特定できる原因がない。除外診断である。
- 死亡後の検査において以下のことがわかる。
  ・ニューロン（脳の神経細胞）の有意な喪失
  ・神経原線維変化とアミロイド斑
  ・神経伝達物質の減少

　若年性アルツハイマー病は、急速に進行し、病気の過程の早い段階からより多くの症状が現れます。一方で、晩発性アルツハイマー病は、進行がより遅く、主な特徴は重度の記憶障害です。

バリデーションにおける
アセスメント

● 若年性と晩発性アルツハイマー病

　若年性アルツハイマー病は、晩発性アルツハイマー病より、ずっと特徴の
ある病気のように私は思います。後期高齢者の脳に神経原細胞変化や老人斑
があるのは普通です。1960年にニューギニアで神経原線維変化と老人斑を
発見したノーベル賞受賞者カールトン・ガジュセック（Carlton Gajdusek）
は、老人斑は老齢期の顕著な特徴であり、90歳以上の人の9割は、脳に老人
斑があると書いています（1987年）。

　また、神経学者デニス・セルコー（Dennis Selkoe）も同様のことを指摘
しています。「70代後半を迎えた人の多くは、主として海馬など記憶に重要
な脳の部位に、少なくともいくつかの老人斑と神経原線維変化がある」とし、
さらに、「普通の脳の老化とアルツハイマー病との違いは、大部分は質的と
いうよりは量的なものである[34]」とつけ加えています。死体解剖で脳に老人
斑と神経原線維変化が見られた人の中には、亡くなるまで比較的普通の生活
をしていた人もいることも大切な点です。確かに、もの忘れしがちかもしれ
ませんが、後期高齢者が、もの忘れをするのは普通のことです。

　脳細胞は、20代から失われ始めます。実際、ドイツ人研究者 ハイコとエ
バ・ブラークが、様々な年齢の800人以上の脳を研究し、20歳の人に「神
経原線維変化関連の病変」を見つけています[35]。80代になる頃には、近時記
憶や短期記憶がかなり失われていて当然です。これは正常の老化であって、

---

34 Dennis J. Selkoe, Amyloid Protein and Alzheimer's Disease, Scientific American, November 1991
35 David Snowdon, Aging With Grace, Bantam Books, New York, 2001, page 91

病気ではありません。DSM-5は、これを明確に裏付けています[36]。「(加齢による認知機能低下のように)**加齢**とともに起こる典型的認知機能の低下(備考:**強調**は原文のまま)と認知症とは区別されなければならない。認知症という診断は、正常の老化の過程として考えられるもの以上の記憶障害や認知障害があること、またその症状が社会的機能・職業上機能障害の原因となっている証拠があって、はじめて正当なものとなる」

　若年性アルツハイマー病と晩発性アルツハイマー病をひとからげにすると混乱を招くのには、別の理由もあります。死体解剖でみられる脳の変化を示す解剖構造だけが、後期高齢者の行動を決めるわけではないからです。脳の状態が生きている高齢者の行動の答えになることはほとんどありません[37]。脳の研究をしている科学者は、生きている高齢者と仕事をしているわけではなく、通常解剖用死体を研究しています。

　私が把握している生活の中でアルツハイマー病の長期的研究を試みたのは、「修道女の研究」です。デービッド・スノードンは、78歳から106歳までの678人のカトリックシスターを対象に研究し、15年以上にわたって見られた行動・認知の変化と死亡後の解剖の臨床情報とを比較しました[38]。彼は「生活要因」とアルツハイマー病との間に以下の関連性を見出しました。教育レベルが高いほど、アルツハイマー病になる確率が低く、教育レベルが低いほど、アルツハイマー病になる確率が高いこと。これは、その人が人生の後期にどのように脳を使うかが、脳萎縮の程度に関係しているのかもしれません。私たちが脳機能を発達し続ければ、正常の老化の一部である脳細胞の損傷を克服できるのです。

　またスノードンは、人生に対する前向きな姿勢、困難に立ち向かう適応力、

36 DSM-5, 注29を参照
37 注27 を参照 - Verwoerdt
38 David Snowdon, Aging With Grace, Bantam Books, New York, 2001

感情の表出は、見当識と正の相関関係があることを発見しました。そして、高齢になればなるほど、アルツハイマー病になる確率が減るということ。修道女が90代になると、アルツハイマー病になる割合が有意に減りました。脳の状態（大きさ、神経原線維変化、老人斑の量）と、その人の生活の様子が必ずしも一致しなかったことは興味深いです。見当識を保ち、きびきびと最期まで理解が早い修道女だったのに、脳はかなり変性していたケースがたくさんありました。一方で、見当識障害が出て、引きこもっていた修道女だったけれども、脳の変性はほとんどなかったケースもありました。

● 見当識障害のある後期高齢者

　スノードンの結論は、その人の生き方が人生後期に見当識を失うか、アルツハイマー病になるかどうかの大きな要因になるという私の考えを裏付けています。若年性アルツハイマー病の人の行動は、概してアルツハイマーのモデルに従います。一方、晩発型アルツハイマー病の人が、私たちがいわゆる見当識障害のある後期（超）高齢者（disoriented old-old）と呼ぶ人たちなのです。私は、これらを2つの大きく異なる状態だと考えます。前者は病気の過程であり、後者は、身体の衰えに加え、とてつもない心理的・社会的喪失に対処できないことによる反応なのです。

若年性アルツハイマー型認知症の人とナオミ・ファイルの示す見当識障害のある高齢者（おおむね80歳を超える高齢者）との違い

　私は何百もの老人ホームや病院で、若年性アルツハイマー病（60歳から70歳代の若年性アルツハイマー型認知症）の人と見当識障害のある高齢者（おおむね80歳を超える高齢者）の行動、話しぶり、足取り、欲求の表現方法には違いがあることに気づいていました。見当識障害のある高齢者は、バリデーションに反応し、コミュニケーションや話しぶり、足取りが改善します（86ページの「研究調査の結果」を参照）。このような人は、薬を使わずに援助できることが多いのです。

　一方で、若年性アルツハイマー病の人は、どのメソッドやセラピーを使うかにかかわらず、状態が悪くなっていくことが多いです。私の経験では、バリデーションの介入にかかわらず病気が進行します。

　これまでは若年性アルツハイマー病の人の行動は、予測することが難しいとも言われていました。バリデーションによって一瞬は社会的な交流が回復するかもしれませんが、次の瞬間には乱暴になったり、さまよい出て行ったり、やる気をなくして引きこもってしまうこともあります。見当識障害ある後期高齢者の場合は、すぐに反応がありますが、私の経験では若年性アルツハイマー病の人の場合、目の焦点が合わず、うつろで、相手を認識することがなく、足取りが固い様子が見られました。表情は、必ずしも感情を映し出したものではなく、むしろ能面のようなものであったりしました。病気の進行において、瞬く間に言語障害が起こったりもしました。

　若年性アルツハイマー病の人と見当識障害のある高齢者との違いは、次のように考えることができます。

若年性アルツハイマー病の人と 見当識障害のある高齢者（おおむね80歳を超える）の違い

● 脳の器質的変化の違い

　20代から40代の若い人の脳にもある程度の変性が見られますが、60〜70歳の人の脳にたくさんの神経原線維変化や老人斑があるのはまれです。神経原線維変化や老人斑は、見当識の程度にかかわらず、加齢とともに増えます。

● 心理的な違い

　60〜70歳の人は、通常は死の準備をしているわけではありません。まだ人生の最終段階ではないのです。見当識障害のある高齢者（おおむね80歳を超える高齢者）は、人生の最後の奮闘の時期に入っています。彼らは、安らかに死ねるように未解決の問題を解決しようとしています。人生の「解決」のステージにいるのです。

● 社会的な違い

　初老の人は、通常まだ社会的なつながりがあり、家族や友人もいます。高齢者は、社会から取り残されがちですが、初老の人は、それでもなお普通の社会的活動に参加することは可能です。見当識障害のある後期高齢者は、社会的ネットワークから切り離され、かつては持っていた社会的役割を失っています。

バリデーションの実践に必要な態度と資質

　見当識障害のある高齢者は、老いや喪失に適応するため、また人生の最後の目的すなわち平安に死を迎えるために、若いときとは異なる行動をすることがあります。

　本節では、バリデーションを効果的に実践するために必要な態度と資質について説明します。テクニックはあくまでも補助的なものです。一番大切なのは、バリデーションワーカーが、見当識障害のある高齢者が内向きになることを理解することです。それは通常の老いでも起こりうることであり、高齢者が回想をしたり、過去に戻るような言動をしたりすることは、今のつらい状況を生き抜く方法であり、癒しのプロセスとして理解します。

　ナオミ・ファイルは、老いによる最後の適応のために、見当識障害のある高齢者は、次のページに示す目的（逃避、追体験、解放、解決）を持っているということを私たちは受け入れなければならないと考えています。バリデーションワーカーは、後期高齢者の体の衰えや、彼らの人生の目標は若く健康な人とは違うことを理解します。

見当識障害のある高齢者が
人生の最後に適応するために目指していること

- 役に立っていないという現在のつらい思いから<u>逃避</u>する。
- 過去の喜びを<u>追体験</u>する。
- 感覚記憶を刺激して退屈さをやわらげる（<u>解放</u>）。
- 感情を表現することで、終わっていない葛藤を<u>解決</u>する。

　バリデーションワーカーは、認知症高齢者の英知を受け入れ、尊重し、一方的な判断をしません。バリデーションの姿勢は、認知症高齢者のペースに合わせて横を歩く様子にたとえることができます。バリデーションワーカーは、高齢者の前を歩いて（先導するかのように）、今、起こっていることを説得しようとはしません。高齢者の後ろを歩いて（ついていくかのように）、従うふりをしたり、気休めを言ったりもしません。バリデーションワーカーは、認知症高齢者にとっての現実を認め、高齢者の横を歩きます。寄り添い、常に誠実に対応します。

　認知症高齢者は、うそがわかります。耳の聞こえない人でもクスクス笑われたことが、目の見えない人でもニヤニヤ笑われたことがわかるでしょう。何気なく肩に触れるだけの行為と、敬意のこもった温かい人間的な接触との違いもわかります。無意識に近いレベルでは、彼らは本当のことを知っています。寝ている人が、無意識に蚊をぴしゃりとたたくように、認知症高齢者は意識していませんし、意識したいとも思っていません。

　ですから、バリデーションワーカーは安易なうそをついてはいけません。認知症高齢者は、うそをつく介護職を信じません。信頼がなければ、バリデー

ションはうまくいきません。

　バリデーションワーカーの使命は、見当識障害のある高齢者が人生最後の
タスク「安らかに死ぬ」を達成する援助をすることです。バリデーションワー
カーは、彼らの感情をそのまま受け止め、誠実に相手の話を聞きます。そう
すると、高齢者の閉じ込められていた感情が、解放され、解決を追求し、人
生の最後のステージにおいて日の目を見ることができるのです。感情が認め
られ、バリデートされると、見当識障害のある高齢者は楽になり、ストレス
が和らぎます。バリデーションワーカーが高齢者の話を聴くことによって、
「空想が増大する」ことにはなりません。共感をもって聞くことで不安は和
らぐのです。

　バリデーションワーカーは、「しなさい」「しなければなりません」などの
親が子どもに対して使うような言葉は使いません[39]。バリデーションワー
カーは、罰したり、脅かしたり、なだめようとはしません。高齢者の感情を
抑えようとしませんし、また感情表現をするよう強要したりもしません。そ
して、高齢者のプライバシーを尊重します。

　バリデーションワーカーは、高齢者に合わせて、リズムをとらえ、手がか
りとなる言葉に耳を澄まし、また非言語的な手がかりを観察します。そして
感情をこめてそれを言葉にすることで、その感情を肯定し、高齢者に尊厳を
与えるのです。

　バリデーションというのは、生涯を生きてきた認知症高齢者を尊重し、彼
らの英知を認めるということです。バリデーションワーカーは、認知症高齢
者がすべて同じように行動するとは考えず、それぞれの人の違いを尊重しま
す。

　バリデーションワーカーは、共感を大切にします。私たちは3歳児を大人

---

39 Thomas Harris, I'm OK, You're OK, Harper & Row, New York, 1967

の基準で判断することはありません。誰もが3歳児だった経験がありますから、3歳児の立場になって考えてみることもできるでしょう。ティーンエイジャーが感情をあらわにしても、彼らを精神病者と決めつけたりはしないでしょう。私たちは皆ティーンエイジャーの経験があり、彼らが反抗期にあり、自分のアイデンティティを見つけようとしていることを知っているからです。

　しかし、後期高齢期を経験したことのない私たちが、車椅子を使う90歳の男性の世界に入っていくのは大変なことです。この男性は、よく見えず、よく聞こえず、動けず、自分の名前も憶えていることができません。私たちの名前は明らかに憶えていません。こぶしでどんどんたたいています。彼のリズムに合わせて動き、彼の目線でものを見るのは、はるかに難しいです。

　彼が心の目で見ているのは、手ではなく金槌と釘なのです。この男性はベテランの大工で、父親も祖父も大工でした。子どものとき、まっすぐに釘を打つことを覚えました。年老いた彼は、自分のアイデンティティを回復するために、座ってとんとんと打つ動作をしているのです。バリデーションワーカーは、そのような人に共感します。私たちも喪失を経験したことがあるので、高齢者の世界に入っていくことができるのです。

　雨の夜、一人で歩いているときに、道を尋ねることができる人もなく、道に迷って一瞬パニックになりそうになったことはありませんか？　もしそういった経験があれば、それがまさに自分がどこにいるかわからなくなった認知症高齢者の混乱した状況なのです。手足のしびれ、視界がぼやける、耳が聞こえない、誰かを失った、大好きだったものを失った、仕事・家・身体能力を失う不安などを経験したことはありませんか？　恐怖、激しい怒り、嫉妬、罪悪感、嘆き、愛情などの感情をあなたが感じた経験があれば、認知症高齢者の感情を共有することができます。

　バリデーションをするとき、バリデーションワーカーは、成熟した大人（各ステージのライフタスクを成し遂げてきた人）としての態度で臨みます。高

齢者の態度に接し不快に感じたときは、そのように感じている自分の気持ち
を素直に認め、不快な気持ちをわきにおきます。そうすれば、認知症高齢者
の生のありのままの直感的な感情を受け入れ、共感をもってその感情を映し
出すことができるのです。

　ある高齢者が「マ、マ、マ」と泣きながら体を揺らしています。バリデー
ションワーカーは、母親を求めているその人の欲求を、適切なバリデーショ
ンテクニックを使いながら受け入れます。そうすると、2人の目と目が合う
瞬間があります。その人はもはや愛を見つけるために過去に目を向けること
はありません。バリデーションワーカーとともに愛を見つけたからです。

　自由奔放に感情を出す認知症高齢者の心の奥底からの感情を共有すること
にどうしても抵抗があるという介護者は、バリデーションワーカーのような
かかわり方は難しいかもしれません。言葉のレベルのみで、知的かつ論理的
にコミュニケーションをとろうとするタイプの人は、共感してバリデーショ
ンテクニックを使うことがどうしてもできない、ということもあるでしょ
う。とても居心地が悪くなり、背を向けてしまう、あるいは鎮静薬で落ち着
かせようとしてしまうことになるかもしれません。強い感情を受け入れるこ
とができない人は、感情をコントロールできる認知症高齢者や、認知症が軽
度の高齢者からスタートをするとよいでしょう。

　バリデーションワーカーは、バリデーションをしている3分から10分の間
は"スーパーマン"になるのです。認知症高齢者がなぜそのような行動をす
るのかわからなくても、共感し、その人の感情が正当なものだと尊重できる
からです。

　成熟した大人であるバリデーションワーカーは、老人ホームのスタッフ
全員がバリデーションを実践することを期待しているわけではありません。
認知症高齢者の視点で見ることができないスタッフもいることを尊重しま
す。スタッフの中には認知症高齢者の方から歩み寄り、今の現実に気づいて

くれることを期待する人もいます。しかし、賢い認知症高齢者はそのような
スタッフを無視し、心の中でこう考えるでしょう。「私に反論しない人を待
とう」。

● バリデーションワーカーは
  アナリスト（分析医・専門家）ではありません。

　バリデーションワーカーは、認知症高齢者が洞察するために必要な認知能
力が低下していることを知っています。認知症高齢者は自分の感情の裏にあ
る理由を解き明かしたり、知的に判断したりして、自分の行動を変えること
がもはや難しいのです。「そうか！」と突然ひらめくような能力が衰えてい
ます。

　ですから、バリデーションワーカーは、共感をもって、目で見、耳で聴い
て、その人の体のリズムに合わせ、彼らが表現しているアイデンティティ・
愛などの欲求を満たす援助をし、彼らの生々しい感情をバリデートします。

　バリデーションワーカーは、見当識障害のある高齢者が、人生のやり残し
たことを完全に解決することはないことを知っています。彼らは亡くなるま
でその課題を解決し続けようとします。自分の行動を完全に変えるための十
分な洞察を得ることができません。彼らが必要としているのは、彼らの感情
を尊重し、耳を傾け、その感情を認めてくれ、過去の道をともに歩いてくれ
る人、バリデートしてくれる人なのです。

介護者の
燃え尽き感・挫折感[40]

　認知症高齢者がはっきりと話すようになる、感情をコントロールする、日々
進歩する、規則に従う、話を聞く、言葉で意思疎通をする、など介護者の基
準に合わせて行動してくれることを期待し、それが叶わなかったときに、挫
折感は生じます。もし介護者が、認知症高齢者の心身の衰えをありのまま理
解することができれば、燃え尽き感（バーンアウト）や挫折感を経験するこ
とは減るでしょう。燃え尽き感は、非現実的な期待から起こるものです。

　認知症高齢者が覚えているのは、誠実なタッチング、温かいアイコンタク
ト、大切にしてくれる声のトーンです。高齢者の目が生き生きとし、数か月
ぶりに笑顔を見せてくれると、介護者はひとりのいのちを元気づけたこと
に、この上ない喜びを感じるのです。ともに分かち合う純粋なその瞬間は、
入居者と過ごした大変だった多くの時間を埋め合わせてくれるでしょう。

　変化は少しずつですが、必ず起こります。バリデーションを継続して3か
月程度行うと、行動が大幅に改善します[41]。220ページのバリデーション経
過評価表を使うと、経過を確認できます。家族は、家族向けワークショップ
に参加することで、バリデーションに参加できます。家族と職員がバリデー
ションを共有すると、お互いに支え合うことができますし、後期高齢期の見
当識障害の一部である英知、詩のような比喩的な表現、親密さの喜びを皆が
享受できます。

---

40 Beth Rubin, Burnout: Causation and Measurement, Unpublished Master's Thesis, Department of
Psychology, Michigan State University, East Lansing, Michigan, 1982
41 Naomi Feil, Group Work with Disoriented Nursing Home Residents, Social Work with Groups 5, No.2
（Summer 1982）, Haworth Press, New York: 57

燃え尽き感・挫折感を防ぐ方法

- 現実的な期待をする。
- それぞれの高齢者に現実的な目標設定をする。
- バリデーションの経過と進捗がわかる表を作成し、進捗状況を確認する。
- 家族、スタッフ、ボランティア、同僚など、できるところからサポートを受ける。
- バリデーションチームをつくる。
- 認知症高齢者に耳を傾け、その人に合わせて動くことに喜びを感じる。

　どのような施設であっても、バリデーションの目標に対する管理者の理解と承認が不可欠です。特にバリデーションワーカーがバリデーショングループをつくろうとしているときはなおさらです。バリデーショングループをつくるにあたっては、スタッフ全員からのサポートが必要です。

　もし施設管理者や看護部長がバリデーションを支持してくれなければ、グループバリデーションの前に、高齢者をトイレに行かせるよう介護スタッフに指示してくれないでしょうし、ミーティングのための部屋が用意されないかもしれません。グループバリデーションの最中にスタッフが部屋に入ってきたり、メンバーをグループから勝手に連れ出したりして、ミーティングの流れが止まってしまうかもしれません。スタッフからのサポートがなければ、グループバリデーションを始めようとしているバリデーションワーカーは、疲労困憊することになるでしょう。

　それでも、個人に対するバリデーションは行うことはできます。バリデーションチームは、数人でも、施設全体でもつくることができます。定期的なミーティングを通じて、進捗評価、経験共有をし、あなたのフラストレーションを吐き出し、あなた自身の行動を洞察することができます。チームはあなたを支えてくれ、孤立感を和らげてくれるでしょう。

バリデーションが
できること

　バリデーションは、見当識障害のある高齢者がそのとき心の中にあること
を言葉によって、あるいは非言語的に伝えることができるようにするための
プロセスです。その人が懐かしく思う仕事を楽しそうにせっせと続けていよ
うが、やり残したライフタスクに奮闘していようが、あるいは解決できな
かった危機を思い出してしていようが、バリデーションのゴールは、その人
が孤独にならないように、その人にとっての現実の中で出会うことなのです。
　見当識障害のある高齢者は、バリデーションに反応します。行動の変化に
は時間がかかり、日々変動するものの、恒久的に変化していくでしょう。
　バリデーションによって期待できる変化は次のとおりです。

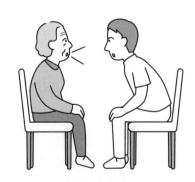

バリデーションで期待できる変化

- より背筋を伸ばして座る。
- 目を開けている時間が長くなる。
- より社会的に適応した行動をとる。
- 泣く、同じ調子で歩き回る、たたき続ける行動（繰り返し動作）が減る。
- 怒りが減る。
- 鎮静薬などの薬による拘束や身体的拘束の必要性が減る。
- 言葉を使ったコミュニケーションが増える。
- 非言語的コミュニケーションが増える。
- 足取りがしっかりする。
- 人生でやり残したこと、未解決のライフタスクを解決しようとする。
- 不安が減る。
- 精神的充足感が増す。
- 引きこもりが減る。
- 自尊心が高まる。
- グループバリデーションで慣れ親しんだ社会的役割を果たす。
- ユーモアのセンスが戻る。
- 自宅での生活をより長く維持することができる。

介護者にとって期待できること

- 喜びやエネルギーが増す。
- ストレスが軽減される。
- 家族同士のコミュニケーションが増える（家族介護者の場合）。

研究調査の結果

　1971年、モンテフィオール老人ホーム（オハイオ州クリーブランド）に
おいて私の行った調査では、バリデーションを5年間行った結果、脳の器質
的損傷と見当識障害のある30人の高齢者に多くの形で改善がありました。
失禁や否定的な行動（泣く、バンバンたたく、なぐる）が減り、肯定的な行
動）笑顔、話す、ほかの人を助ける）が増えました。　外の世界の現実をよ
り意識し、バリデーショングループ以外の場でも話をするようになり、満足
度が高まりました[42]。

　1976年、同じくモンテフィオール老人ホームで、私は２つのグループの
4年間の記録を比較しました。ひとつは、身体に障害のある人のグループ。
もうひとつは、見当識障害のある人のグループでした。グループ内での会話
を比較した結果、過去の世界にとじこもっている見当識障害のある高齢者
は、否認することがストレスに対する共通の防衛手段であることがわかりま
した[43]。

　1980年、クリーブランドの研究者Stan Alprin（Ed.D）は、バリデーショ
ンの評価について、従来とは異なるアプローチをとりました。彼は、バリデー
ションが実施されるようになった前後で介護者の態度と行動と、見当識障害
のある高齢者がどのように変わったかを調査しました。見当識障害のある高
齢者にバリデーションを行っている全米16のホームにアンケート調査をし、
介護者と入居者の行動の変化を定量的に評価しました。入居者については、
32の行動について、バリデーションの実施前後でどう変わったかを評価し

---

42 注4参照
43 Naomi Feil, A Comparison of Oriented and Disoriented Residents, Unpublished study Montefiore Home, Cleveland, Ohio, 1976

ました。介護者については、バリデーションを使っている老人ホームの管理者、アクティビティ担当者、ソーシャルワーカーを調査しました。「これまで得られたエビデンスから、バリデーションをしている入居者グループの行動には多くの肯定的な変化があったことを強く示唆している…良い方向にスタッフの行動が変化した[44]」と報告しています。これらの変化には、スタッフと入居者との間の信頼関係の強化、入居者の攻撃的行動の減少、スタッフの離職率の減少などがありました。

　1982年、Marlene Peoples は、オハイオ州アクロン大学の修士論文で225床の老人ホームで、バリデーションとリアリティ・オリエンテーションの効果を比較しました。標準的統計手法を用いて、小グループにおける混乱の程度を評価しています。「バリデーショングループでは10人のうち7人の行動に質的改善が見られたが、リアリティ・オリエンテーションのグループでは8人中3人の行動に質的改善が見られた。グループ活動への出席率もバリデーショングループ群の方がよかった。バリデーションでは有意な改善があった…一方で、リアリティ・オリエンテーションでは有意差はなかった[45]」としています。私は、この調査結果を裏付けるほかの研究の報告も受けています。

　1986年、トレド大学Paul A. Fritz教授は、オハイオ州トレドにある老人ホームに住む認知障害のある後期高齢者のスピーチパターンに対するバリデーションの効果を分析しました。彼は次のように書いています。「バリデーションは高齢者の話し方を大きく改善することを発見した。録音した会話の中で、その人が使った動詞、名詞、前置詞などの数を測定するコンピューター

---

44 Stan Alprin, The Study to Determine the Results of Implementing Validation Therapy, Unpublished study, Cleveland State University, September 1980
45 Marlene Peoples, Validation Therapy Versus Reality Orientation As Treatment for Disoriented Institutionalized Elderly, Unpublished Master's Thesis, College of Nursing, University of Akron, Akron, Ohio, 1982

プログラムを使用した。フェーズ1及びフェーズ2のカテゴリー（本書で後述する「解決」期の4つのフェーズのうちの2つのフェーズ）において、流暢さ及び明快さが著しく向上することを発見した[46]」。

　カリフォルニア州アーバイン医療センターのJames T. Dietch医師らは、1989年に「リアリティ・オリエンテーションの負の影響」という研究結果を発表しました。それにはこう書かれています。「バリデーションの方がリアリティ・オリエンテーションより効果的であることがわかった…バリデーションはリアリティ・オリエンテーションとは根本的に異なり、一部の認知症患者には有益なアプローチであると思われる…スタッフは、患者が変わることができない領域であるのに、現実を再び理解できるようにと繰り返し試みるフラストレーションを避けることができる。認知症患者の心理的・感情的ニーズに対するスタッフの意識が高まれば、治療ケアの向上につながるだろう[47]」。

　オーストラリアでは、1989年に研究・評価のコンサルタントであるColin Sharp博士が、2つの老人ホームの入居者とスタッフの比較をしました。1つの老人ホームはバリデーションを導入した施設、もう1つの老人ホームはバリデーションを導入していない施設でした。その結果、スタッフも入居者もバリデーションから恩恵を得られたことがわかりました。入居者の引きこもりが減り、積極的な交流が行われ、社会性が高まりました。効果はバリデーションを使ったホームで明らかでした[48]。ロンドンのモーズリ病院の看護師Ian Morton と Christine Bleathmanは、1991年の調査[49]においてSharp

46 Paul Fritz, The Language of Resolution Among The Old-Old: The Effect of Validation Therapy on Two Levels of Cognitive Confusion, Research results presented to the Speech Communication Association, November 1986, Chicago, Illinois
47 James T. Dietch, Linda J. Hewett and Sue Jones, Adverse Effects of Reality Orientation, Journal of American Geriatric Society 37 (1989): 974-976
48 Colin Sharp and Alan Johns, Validation Therapy: an Evaluation of a Program at the South Port Community Nursing Home in Melbourne, Australia, Paper presented at the Australian Association of Voluntary Care Associations, Melbourne, Victoria, Australia, November 10-13, 1991

博士の所見に同意見であるとしています。

　1991年、フランスの医師であり研究者でもあるDr. Jean Prentczynski は、フランスのランスにあるセバストポル病院にてSharp博士と同様の研究を行い、同様の結果を得ています。「彼らの葛藤を解決するケースが増え、不安や疑いが減り、スタッフへの信頼が増した[50]」。

　Janet Fine と Susan Rouse-Bane[51]は、個人へのバリデーションテクニックが入居者の行動に及ぼす効果を研究した数少ない研究チームの一つです。結果はおおむね肯定的なものでした。

　Dr. Frederic Munschは、正しいバリデーションの使用法に基づいて専門的な研究を行いました。彼は、老年精神医学の医師であると同時に、バリデーションティーチャーの資格も持っています。2000 年に、9か月間のバリデーショングループを実施した後、コミュニケーションが増し、焦燥が減ったという結果を発表しました[52]。

　フィンランドでは、2002年、バリデーションのトレーニングを受けた122人の介護者に対して、仕事におけるバリデーションの効果に関する調査が行われました。日常の介護において、特に患者とスタッフの間が難しい状況になったとき、バリデーションは役に立つと評価されていました。患者がより活発になり、身体的により安定し、コミュニケーションが増え、自信がついたようです[53]。

---

49 Ian Morton and Christine Bleathman, Does It Matter Whether It's Tuesday or Friday? Nursing Times 84, No. 6 (London, 1988): 25-27

50 Jean Prentczynski, La personne agee en perte d'autonomie psychique: la methode de validation et ses apports dans un service de gerontology, thesis, Department of Medicine, University of Reims, France, December 20 1991

51 Janet Ikenn Fine and Susan Rouse-Bane, Using Validation Techniques to Improve Communication with Cognitively Impaired Older Adults, Journal of Gerontological Nursing 21(1995), No.6: 39-45

52 Frederick Munsch, Prise en Charge des Troubles Psycho-comportementaux Chez des Personnes Agees en Institution, Atteintes de Deficiencies Cognitives, Faculte de Medicine, Universite de Limoges, (2000).

53 S, Sipola and H. Lumijäätiö, Validaatiotyöntekijäkurssin käyneiden kokemuksia validaatiomenetelmän käytöstä, Hillervo Pohjavirto, Tampere , 2002

2004年、スイスのTertianum ZfP[54]とドイツの研究機関idea-lは、専門的なバリデーショントレーニングが、介護者と介護を受ける側との関係に与える効果について研究を発表しました。トレーニングによって、介護者の態度・行動が肯定的に変化し、困難な状況でもより効果的に対応できるようになったことがわかりました。介護者はより安心し、理解を示すようになりました。介護を受ける側の行動も改善し、衝突が減り、雰囲気がよくなり、鎮静薬の投与が減りました。

　2007年、Tondi, Ribani, Bottazziらは、老人ホームにおけるバリデーションの研究をしました。老人ホームの入居者を研究群、対照群に分けた症例対照研究でした。研究群には個人バリデーションとグループバリデーションが行われました。4か月後に評価が行われ、研究群は興奮、無気力、易刺激性が減りました。睡眠障害や食事依存についてゆるやかな改善がみられました。

　イタリアのメレニャーノのカステッリニファウンデーションのC. Siviero、E. Mazza、A. Cerri は、2009年の老年学協会国内学会で事例研究[55]を発表しました。この研究では、認知症病棟でほとんどの介護者がバリデーションを一貫して行うことにより、患者の機能的能力が維持され、行動障害が有意に減少し、スタッフとほかの患者とのよい関係を保つようになり、病棟の活動にも参加するようになったことを示しています。

　2009年以降も研究報告書がバリデーショントレーニング協会に提出されされています。ウェブサイトに公開されていますので、詳細は、https://

54 idea-l and Tertianum ZfP, 2004, Evaluationsstudie über die Praxiserfolge von Validation nach Feil am Beispiel eines Tertianum ZfP Validation Anwenderseminars. Retrieved from https://vfvalidation.org/wp-content/uploads/2015/07/Gunther_EvaluationsstudieUberDiePrax.pdf
55 C. Siviero, E. Mazza, A. Cerri, Vascular Dementia: a clinical case managed with the contribution of the Validation® method, Poster presentation at the 54th National congress SIGG, Florence, 2009

vfvalidation.org/resources/types/research/ をご覧ください。

　バリデーションの効果について行われた初期の研究の多くは事例報告で、結果が限定的なものでした。しかし、最近はトレーニングの機会が増え、バリデーションの効果を評価する方法も増えました。バリデーションセンターが世界各地に設立され、情報を共有しやすくなりました。何千人もの人がバリデーションのトレーニングを受け、自宅、施設、病院、世界中の地域社会でバリデーションを使っています。実践をしている人は、その効果を体験しています。薬を使用せずに、認知機能が低下した高齢者にコミュニケーションを取る方法において、バリデーションはおそらく最も研究されているメソッドのひとつといえるでしょう。

あなた自身の
老いと上手に付き合おう

　ヘレン・トーマスは、一人で暮らしています。彼女は76歳です。3年前に夫を
がんで亡くしました。夫が亡くなったとき、ヘレンは涙をぬぐい、悲しみが入り混
じる中、自分の気持ちを押し殺して、生活を続けました。

　自宅近くの図書館でボランティアを募集しているのを見つけたヘレンは、ボラ
ンティアとして図書館に通い、本を書棚に並べる仕事をしました。そして、同じ
ように自分の気持ちも棚にしまいました。子どもには決して助けを求めませんでし
た。助けなんて必要ない、と思っていました。困難に直面すると、それを打ち返し、
恐怖に屈することはありませんでした。いつも気丈に振る舞っていました。

　ヘレンは毎朝5時に目を覚まします。目を開けると、今日はまわりが真っ暗で
す。手探りでナイトランプを捜し、スイッチをつけたのですが、明るくなりません。
「ヒューズが飛んだのかしら?」。ヘレンは、涙をこらえ、不安な気持ちを抑えよ
うとしました。けれども、つのる不安を抑えようとすればするほど、パニックにな
ります。胸の鼓動が激しくなり、手と顔には汗がにじみ、吐き気と恐怖が襲って
きました。

　目が見えない。「助けて!　見えない。助けて!」と、ヘレンは叫びました。近
所の人が救急車を呼び、ヘレンは近くの病院の救急救命室に搬送されました。
病院でもヘレンはなお叫び続けたので、精神安定剤を投与されました。

　2週間もしないうちに、ヘレンは老人ホームに入れられました。時間や場所が
わからなくなり、車いすに座り、首をうなだれ、目を閉じ、手をだらりと下げ、口を
開けたまま、ほとんど息をしていない生ける屍のような状態になってしまいました。

　診断結果は何かって?　ヘレンは、認知機能の状態を評価する標準的な検査

を受けました。すると、30、20、10と10ごとに逆算して数えることができません。アメリカ大統領の名前もわかりません。もはや簡単な日常の仕事もできません。感情が変わりやすく、抑えることなくあふれ出します。CATスキャンの結果、この数年の間に小さな脳卒中のために脳組織が壊れている可能性があることがわかりました。診断結果は、「アルツハイマー型認知症」。

では、どうしたらヘレンは認知症になるのを防ぐことができたでしょうか？1000億個もの脳細胞とそれをつなぐ数千兆もの接続点があれば、若いときに洞察力を得て、自分を知ろうと努力し、不快な気持ちを否定しようとする自分のパターンに気づくことができたはずです。困難な状況に陥ったときの新しい対処方法を見つけることもできたでしょう。しかし、ヘレンはそれをしませんでした。

不快な感情に向き合うのは怖いものです。知らない道を進むのには危険がつきものです。パニックになりかねません。しかし、私たちは自分に正直になり、失敗するリスクを冒し、恥や絶望に慣れることで、新しい生き方ができるようになるのです。自分を知れば知るほど、老後に精神的に崩れてしまう可能性が低くなります。自己認識が高ければ高いほど、さび付いた古い対処方法を捨てることが容易になります。

ここで、ヘレンの人生を軌道修正して振り返ってみましょう。

少女時代のヘレンは、視覚を中心とした毎日を送っていました。絵を描くのが大好きで、居間には彼女の描いた油絵のキャンバスが飾られていました。色を塗り重ねたり、散りばめたりした絵でした。10歳のころには、紙人形にカラフルなドレスを着せて遊びました。ティーンエイジャーになると、灰色がかったブラウンパープル色の葉が風になびくのを眺めながら、森を歩き回ったものです。美術館が大好きで、オランダ巨匠の色彩に魅了されました。母親になると、子どもと自分の洋服の色合わせに心を配りました。

ヘレンは大人になると、自分の好みの感覚が視覚であることを意識して、老いていくことや視力が低下するかもしれないことに備えて、他の感覚を磨きました。

56「好みの感覚（優位感覚）」は、神経言語プログラミングの概念です。乳幼児期、私たちはたくさんの感覚情報に圧倒されています。たとえば授乳中、母親は暖かく柔らかい感じがします。甘いお乳を味わい、母親の声を聞き、母親の香りを嗅ぎ、母親の唇や目を見ます。生後2週間の乳児にはあまりにもたくさんの感覚です。そこでバランスを保つために、私たちはひとつの感覚に集中します。これが、私たちの好みの感覚になるのです。成長するにつれ、すべての感覚を使うようになりますが、一番よく使いのは好みの感覚です。老年期になると、外界でおこっていることを理解する、つまり自分の認識を確認する、環境について誤った思い違いをしていたのを修正する、外界と自分の内面を合わせるのに、好みの感覚を頼りにするようになります。

> ## センタリングのステップ[57]
>
> - ウエストから5cmほど下の場所に、意識を集中します。ここがあなたの「センター」、あなたの重心です。
> - 鼻から深く息を吸って、体中を息で満たしましょう。
> - 口から息を吐きます。
> - 考え事をやめ、あなたの呼吸に意識を集中しましょう。
> - あなたの「センター」から弧を描くようにして鼻に戻るようにあなたの呼吸を心で追いましょう。
> - 空気を体の中に取り込み、体中を息で満たしましょう。
> - 「センター」で息を吐き出しましょう。

　内外のストレスへの対応法を学ぶためには、ヨガのクラスを受講して、身体感覚や呼吸法、体の動きについて学ぶのもよいでしょう。ダンスクラスで、楽に動く方法、筋肉のストレッチ、まっすぐ立つ方法、体を整える方法を学ぶのもよいでしょう。それから、ヘレンはストレスがかかったときにどうするか、一瞬のパニックをどう切り抜けるかを学ぶべきでしょう。そうすれば、見知らぬ街で運転中に道に迷い、真夜中に小さな息子が泣き叫び、ガソリンスタンドも見あたらない、そんなときでもヘレンは恐怖心を克服できるでしょう。上述のセンタリングを試みれば、2分もしないうちに気持ちを切り替えることができるでしょう。

　50歳になったヘレンは、遠近両用メガネが必要になりました。さらに視力が低下していくことに備え、他の感覚を磨く努力をします。音楽講座でピアノを習い、

---

57 Gay Hendriks and Russel Wills, The Centering Book Prentice-Hall, Englewood Cliffs, NJ, 1975

コンサートに行くようになりました。味覚や嗅覚も磨きをかけ、ワインテイスティングを学び、グルメな料理人になりました。

　60歳になったヘレンは、暗闇に目が慣れるのに以前より随分と時間がかかるようになりました。突然、真っ暗になると、手が汗ばみ、目が細くなり、心臓がどきどきします。それはなぜなのか、ヘレンは不思議に思っていました。

　感謝祭の夕食会で家族が集まったときに、ヘレンは家族に彼女が暗闇に閉じ込めれたことはなかったか聞いてみました。ヘレンの兄がサディスティックな笑みを浮かべました。

　兄が5歳、ヘレンが4歳のとき、兄はヘレンをクローゼットに閉じ込めたことがあるというのです。「ヘレンの悲鳴が5ブロック先まで聞こえた」と、母親が数分もしないうちにヘレンを助けてくれたそうです。しかし、ヘレンは暗闇の恐怖を忘れていませんでした。体がしっかりと記憶していたのです。感謝祭の夕食の席で、鮮明な記憶が蘇り、胃が痛くなってきました。同じような感情は時を超えて蘇ります。暗い映画館が、50年前に暗いクローゼットに閉じ込められたという記憶を呼び起こすこともあるのです。

　ヘレンは兄に昔どんな気持ちだったか、そして今の思いを話しました。暗闇の恐怖を認めることによって、ヘレンはその恐怖を洗い流すことができました。今まで理解できなかったことがついに腑に落ち、ヘレンは胸をなでおろしました。恐怖に向き合い、克服することができたのです。

　63歳になったヘレンは、首や肩に痛みを感じるようになりました。ヘレンの体はついに言うことをきかなくなりました。体は正直です。心理セラピーを受け、自分は常に"殉教者"であったことに気づきます。ヘレンは、親を怒らせることのない"よい子"でした。妻として夫にノーと言ったこともありません。従順に6人の子どもを産み、育てました。大学に行きたいという思いを抱えながら、末っ子が大きくなるまで我慢しました。

上手に年を重ねるには

1. 各ライフステージのライフタスクに向き合い、獲得していくようにしましょう。もしやり残した場合は、後期高齢期より前に、そのライフタスクに今一度向き合い、やり直しましょう。人生を整理していきましょう！

2. 人生をピアノにたとえるならば、ピアノの鍵盤をたくさん使って弾けるようになりましょう。そして、一つの鍵盤の音が狂ったとしても、別の鍵盤を弾けばよいと考えてください。同様に、たとえ耳が遠くなってきても、まだ機能している視覚、味覚、触覚、嗅覚が使えるのです。仕事がなくなったときには、ボランティア活動に関わってみることもできるでしょう。そのようにして、人生の困難を乗り越えていきましょう。若いうちに困難を対処する方法のレパートリーを増やしていきましょう。

　ヘレンは、何年も自分を否定しながら生きてきました。しかし、今では、ほかの人への対応方法を意識的に変え、自分に正直になりました。夫や子ども、そして90歳になる母親に対してでさえも、見捨てられるかもしれない恐怖やうしろめたい気持ちを感じることなく、"ノー"と言えるようになりました。胃が痛くなったり、首が痛くなったり、肩がこったりすると、センタリングをし、筋肉を整え、怒りや恐怖に向き合っています。

バリデーションを
簡単に言うと

　見当識の機能が低下した高齢者は、時に感情を抑制することが難しくなります。抑制しようとする意志を失い、自分の感情を否定して自分を守ろうとすることがなくなり、感情があふれ出してきます。

　バリデーションでは、このような高齢者の感情を抑えることなくそのまま受け入れます。バリデーションにおいては、彼らは自由に感情を吐き出すことで解放され、自由に感情を表出することで人生における課題を解決する英知を得ることができると考えます。

　バリデーションワーカーは、表出していない感情を探求しようとはしません。表出した感情の分析もしません。若い神経症や精神障害の患者と違い、見当識機能が低下した高齢者は、自分の感情に向き合うことが難しくなります。バリデーションワーカーは、感情を"許す"ことも"禁じる"こともできません。年下のワーカーにこうするようにと指示されても、認知症高齢者は、年の功によって獲得した直感的な英知から、聞き入れてくれないでしょう。

　彼らは子どもではありません。新しい行動を学ぼうとはなかなかしてくれないでしょう。成長するのではなく、人生の総まとめをしようとしているのです。感情を自由奔放に出して、解決しようとしています。彼らは若いワーカーの期待に沿うような行動をするために生きているのではありません。地域社会に戻れる前期高齢者であればワーカーの働きかけで行動を変えることはできても、後期高齢者はワーカーに関係なく、感情を出し続けるでしょう。

　誰かが心から耳を傾ければ、その感情は多くの場合和らぎます。高齢者は信頼できる聞き手によって、バリデートされます。ワーカーは決して取り

繕ったりしませんし、決して感情を強要しません。決して感情をばかにしません。気晴らしをしたり、気をそらせたりすることによって感情を極力抑えようとは絶対にしないのです。

　基本的理念（原則）：認知症高齢者についての基本的理念で、これによりバリデーションにおける姿勢や態度が形成されます。

1. すべての高齢者は一人ひとりが唯一の価値ある存在です。
2. 認知症高齢者を、あるがまま受け入れます。彼らを変えようとはしません。
3. 共感をもってその人の話を聞くことによって、信頼が生まれ、不安が減り、尊厳が回復されます。
4. つらい気持ちは、信頼できる聞き手によって認められ、バリデートされることによって和らぎます。つらい気持ちは、それを無視されたり抑えられたりすると、より強くなります。
5. 認知症高齢者の行動には理由があります。
6. 認知症高齢者の行動は、以下の基本的欲求（ひとつまたは複数）が根底にある可能性があります。

   - 安らかな死を迎えるためにまだやり終えていないことを解決する欲求
   - 平和に暮らす欲求
   - 視力、聴力、記憶力が低下したり、移動が自由にできなくなったりしたとき、心の落ち着きを取り戻す欲求
   - 忍び難い現実を納得のいくものにする欲求。なじみのある人間関係をもち、居心地がよいと感じられる場所を見つける欲求
   - 承認、地位、アイデンティティ（自己・自分らしさ）、自尊心への欲求
   - 役に立ち、有益でありたい欲求
   - 傾聴され、尊重されたい欲求

- 感情を表現し、聞いてもらいたい欲求

- 愛されたい欲求、所属欲求（人と接したい欲求）

- 動けなくさせられたり、拘束されたりすることなく、世話をしてもらいたい、安心したい欲求

- 触覚、視覚、聴覚、嗅覚、味覚など感覚刺激を求める欲求、性的表現をする欲求

- 苦痛や不快を軽減したい欲求

7. 言語能力や最近の記憶が失われてくると、若いときに身につけた行動が甦ります。

8. 認知症高齢者は、思いのつまった過去の人、もの、概念の代わりに、（現在の）人またはものを、その人にとっての「シンボル」として使う場合があります。

9. 認知症高齢者は、しばしば同時にいくつかの気づきのレベル（意識レベル）にいます。

10. 五感が衰えてくると、認知症高齢者は「心の感覚」を使います。「心の目」を使って過去のことを見たり、「心の耳」で過去の音を聞いたりするのです。

11. ある出来事、感情、色、音、匂い、味、映像によって、ある感情が湧き上がり、それが引き金となって過去経験した同じような感情が蘇ります。今も過去と同じような反応の仕方をします。

「解決」期の
フェーズ

ナオミ・ファイルの
「解決」期の4つのフェーズ

●解決 vs 引きこもりのステージ

　後期高齢者で見当識障害のある人の中には、"人生最後の奮闘"に向き合おうとしている人達がいます。このような高齢者は、第1部で紹介したように、最後のライフステージ「解決 対 引きこもり（自分の中に引きこもっている状態）」にいると私は考えています。つまり、彼らはエリクソンの言う「自我の統合」を成し遂げることができなかった人たちなのです。

　私は、このような人たちを次のページに示す4つのフェーズ（段階）に分けて考えてみました。これらは、身体・心理的特徴によって見分けることができます。認知症高齢者はフェーズが進むにつれ、現実からさらに逃避し、身体的にもゆっくりと機能が低下します。

　フェーズは常に同じであるわけではありません。通常、高齢者はほとんどの時間はひとつのフェーズにいるのですが、あるフェーズから別のフェーズへと移ることがあります。それが、1日の中で起こることもあれば、短時間のうちに起こることもあります。

　たとえば、施設に入所しているある男性の場合、午前8時には見当識が保たれている状態だったのが、午後3時になると、「家に帰って馬にえさをやり、牛の乳絞りをしなければならない」と言い出すことがあるのです。

　このような4つのフェーズにいる後期高齢者に向き合うために、まず各フェーズの心理的・社会的特徴を理解しましょう。

　第2部では、各フェーズについて説明します。高齢者はバリデーションをされなければ、すべてのフェーズを経験することになるかもしれません。し

かし、バリデーションをすれば、多くの場合、高齢者はフェーズ4まで進むことなく、心穏やかな死を迎えることができると思うのです。

　4つのフェーズにいる高齢者を理解するために、まず彼らが使う「シンボル」について紹介しましょう。

フェーズ 1
- ☑ コミュニケーションをとることがよくでき、たいていの時間は見当識が保たれている。
- ☑ 否定をしたり、つくり話をしたりすることで、恐怖心を抱きつつも、懸命にまだ失われていないものにしがみついている。

フェーズ 2
- ☑ コミュニケーションはとれるが、多くの時間は「その人の現実」の中で生きている。
- ☑ 自分の欲求や感情を、あまりフィルターをかけずに（判断することなく）表現する。

フェーズ 3
- ☑ まだコミュニケーションはとれているが、たいていは欲求や感情を自分の中に秘めている。
- ☑ 動作や音で欲求や感情を表現する。

フェーズ 4
- ☑ 周りの人が知覚できるほどの表現や会話はなく、コミュニケーションがほとんどとれなくなる。
- ☑ 欲求や感情をほぼ完全に自分の中に閉じこめている。

シンボル－過去への乗車券

● シンボル

　シンボルとは、過去の重要な物や人物を表わす、現在存在する物や人物のことです[58]。たとえば、柔らかなおもちゃが、母親の抱擁、たばこ、乳首などになります。芸術、詩、夢の中では、私たちは皆シンボルを使っています。私たちは認知能力が損なわれていなければ、2つの物あるいは2人の人を結びつけ、それぞれが何であるのかを認識しながら比較し、比喩として考えることができるのです。

　認知症高齢者もシンボルを用います。107ページの表に示すような例が世界中から報告されています。現在ある物や人を使って、過去の感情を表現する場合があります。

　たとえば、フェーズ1にいるある女性は、これまで母親に対する怒りを抑えてきました。現在、自分の娘に介護をしてもらっています。すると、「あなたは子どもをほったらかしね。母親というものは子どもを愛していれば、ベビーシッターに預けたりしないわよ」と言って、ベビーシッターを使っている娘を非難します。実は、この女性高齢者は、ベビーシッターをきっかけに、自分の母親のことを思い出しているのです。そして娘と母を置き換えて、娘に怒りをぶつけているのです。この場合、娘を自分の母親のシンボルとしています。

　一方、フェーズ2以降になると、認知能力が低下しているので、物や人を区別することが難しくなります。「まるで〜であるかのように(as-if)」という

---

58 Sigmund Freud, The Basic Writings of Sigmund Freud, vol. I: The Psychopathology of Everyday Life, Random House, New York, 1938: 35-150

概念が失われています。そうすると、赤ちゃんのように柔らかい感触である手が、その人にとっては赤ちゃんになったり、介護をしてくれている娘が、その高齢者にとっては自分の母親になったりします。いずれの場合も、シンボルは過去に実在した人や物を指しています。

　シンボルは、愛、アイデンティティ、無傷、安全、死など、概念を表わす場合もあります。

　たとえば、フェーズ3のある女性が、寝室のサイドテーブルに靴箱を置いていました。質問をしていくと、それらは棺桶と親戚の死を意味していることがわかりました。また別の女性は、自分のハンドバッグにナプキン、石鹸、ペン、スプーンなどありったけの小物を詰め込んでいました。彼女はハンドバッグを役に立つものでいっぱいにすることで、自分らしさを保っていたのです。実際、ハンドバッグを見せながら、「ほら、私はここにいるのよ！」と言っていました。この人にとって、ハンドバッグが彼女のアイデンティティそのものだったのです。

　精神障害のある成人が使うシンボルは、認知症高齢者が使うシンボルのように見えるかもしれません。また、「解決」期のフェーズ1にいる人は、妄想による幻覚や妄想があるとしばしば診断されます。しかし、精神障害のある人は心の中の恐怖から想像上のシンボルをつくり上げています。精神障害のある人の幻覚や妄想は病気によるもので、根拠のない現実認識であるため、助けを必要としています。精神障害のある人のシンボルは知的機能の低下に関係ありませんし、人生最後の「解決」期において自分自身を癒そうとしているのでもありません。

　一方、認知症高齢者は自らを癒すためにシンボルを使っているのです。視力や聴力が衰え、触覚が失われ、外の世界がぼやけてくると、現在の物や人を過去と置き換えることは簡単ですし、人生最後のステージではそれが自然になっていきます。

フェーズ1にいる人は、抑えてきた両親への怒りを表現するために、現在何らかの権力や権限を持っている人（管理者、看護師長、ケアマネジャーなど）に怒りを向けることがよくあります。「管理者は私の言うことを全然聞いてくれないし、こちらにくることもないし、ドアをいつも閉めている。私が話しかけようとしても、いつも忙しそうにしているんです。でも、ほかの人には時間があるのです」。管理者は、父親のシンボルなのです。高齢者の世界には、シンボルの貯蔵庫があるのです[59]。そして、身の回りにあるものをシンボルとして使って、いろいろな気持ちや欲求を表現するのです。

　ある女性高齢者は、フェーズ2にいます。彼女はナプキンを丁寧にたたみ、愛撫し、ぽんぽんとたたき、ささやくようにやさしく歌い、ナプキンの折り目一つひとつにキスをします。ナプキンは自分自身を表しており、自分を安定した世界に包もうとしているのです。自分が属するところがある、そうすれば幸せ。世界は整然としている。愛されたい、温かく、安心できるよう包み込んでほしいという彼女の思いをナプキンで表現しているのです。

　世界中の認知症の人とともに50年以上仕事をしてきて、私は次のような典型的なシンボルを見つけました。

---

59 Jolande Jacobi, Complex/Archetype/Symbol in the Psychology of C.G. Jung, Bollingen Series, Princeton, 1971

よく使われるシンボルとそれが意味するもの

表 認知症高齢者が使う個人的シンボルの例

手	赤ちゃん
指	親、歩いている足、一緒に歩く子ども
布	大切な書類、パン生地、子どもの洋服
いすの肘かけ	道路
オープンスペース	自宅の廊下・玄関、天国、希望
ボタン、小石	栄養、愛
舌で音を鳴らす	愛、喜び
揺れる動き	母親、母性、安全、喜び
液体の入ったボトル	男性の力、ペニス、精液、海の力など
頑丈ないす	ペニス、男性、夫、セックス
フォーク、ナイフ	怒り
取っ手、柄	ペニス
低い声	男性
スプーンや湾曲した物体	女性
ソックス、靴	子ども、子どもに洋服を着せる、性器
衣服の開閉部	性行為、自由、反抗
老人ホームのフロア	近所
廊下	近所の通り
車いす	車、自転車、馬車

　これらのシンボルは、人種、宗教、文化、性別にかかわらず普遍的であることに私は気づきました。同じシンボルが、オーストラリア、オランダ、フランス、ベルギー、ノルウェー、オーストリア、カナダ、ドイツ、フィンランド、アメリカで使われています。

コミュニケーションをとることがよくでき、たいていの時間は見当識が保たれている。

否定をしたり、つくり話をしたりすることで、恐怖心を抱きつつも、懸命にまだ失われていないものにしがみついている。

● フェーズ 1 にいる人のニーズとシンボル

　フェーズ1にいる人は、老年期に起こる心理的・社会的・身体的喪失を経験しますが、たいていの時間は見当識が保たれており、社会のルールに沿って生活しようとしています。その中で、未解決のままになっている問題を解決し、これまで表現していなかった感情を現在の人に対して吐き出すことが必要になります。

　フェーズ1にいる人は、過去の心の葛藤を覆い隠したり、投影したりすることによって表現することがあります。また、現在の人を過去の人のシンボル[60]として使います。

　たとえば、ある女性は、同室者が自分の下着を盗むと主張します。同室者は、彼女が過去にとてもうらやんでいた姉のシンボルなのです。また、これまで性欲をあまり表現したことがなかったような女性が、ベッドの下に男がいると主張したりします。

　フェーズ1にいる人は、話や理性、論理的な概念を重んじます。自分の感情は、しばしば否定します。冷静で明確な判断やコントロールを大切にし、多くの場合、タッチングや親密なアイコンタクトを不快に感じます。時間を把握し、物事をじっくりと考え、物を適切な場所に置き、整理整頓します。

---

60 Jacobi 注59参照

たまにもの忘れをしたり、同じ話を繰り返し話したり、人を間違えたり、うっかり間違ったことをすると、恥ずかしく思います。そのために作り話をして取り繕い、もの忘れしたことを否定することがあるのです。

　また、年老いて愛情を欲している人が、役立たずだと施設で感じたり、あるいは自宅で独りぼっちと感じたりすると、これは過去の行いの報いだと思いながらも、自分の感情は否定して、「誰かが食べ物に毒を入れた」と言ったりすることもあります。この場合は、この人にとって食べ物は愛のシンボルなのです。

　あるいは、つらい、独りぼっち、愛されていないと感じているとき、そのように感じている自分の気持ちは否定して、自分の所有物を「誰かに盗まれた」と主張したりすることもあります。子どもの時に、親や兄弟に自分の尊厳を「奪われた」と感じた経験があり、今は老いによって尊厳を「奪われた」と感じたりするのです。似た感情は、時間を超え、磁石のようにお互いを引きつけ合うのです。

　自分を正当化するため、強い感情を否定するために、ほかの人を責め立てたりもします。パートナーが亡くなったとき、深く悲しんだり自分を責めたりするのではなく、医師を非難します。あるいは、定年退職したことを不本意に思っているとき、その怒りを素直に表わすのではなく、上司の高齢者への偏見だと上司を非難したりします。年を重ねて髪の毛が薄くなると、美容師や理容師を非難します。

　フェーズ1にいる認知症高齢者の中には、いろいろなものに対するコントロールを失っていく中で、コントロールを保とうと物をため込む人もいます。次々と失っていくのが怖くて、オレンジ、安全ピン、ティッシュ、カップ、砂糖袋、塩、新聞、リボンなど何でもため込んで、これから失っていくものから自分を守ろうとするのです。誰にもそれをやめるよう説得することはできないでしょう。意に反して誰かにため込むことをやめるよう説得され

たとしても、その人の気持ちは変わりません。

　フェーズ1の人にとっては、過去を解決しようとするニーズの方が「真実」より強いのです。心の平静を保つために、心の奥底にある恐怖心を他人に投影したりもします。自分を守らなければならない、隠さなければならないのです。

　ですから、このような彼らの隠れ蓑を、尊厳を奪わないでください。彼らが生き抜くために必要な行動なのです。このようにして、つらい現実の光に自分をさらけ出すことなく、感情表現をしているのです。彼らは、反論や評価をせず、理解してくれる、礼儀正しい人との信頼のおける関係を必要としています。

フェーズ1の人の身体的な特徴（認知機能および動作を含む）

- 目はくもりなく、はっきりし、焦点が合っている。
- 立ち姿が固い様子（力が入っている）。
- 動作は（たとえ車いすや歩行器を使っていても）しっかりとして、正確で持続する。
- 顔や体の筋肉が緊張している。
- あごは突き出し気味のことが多い。
- 指さしたり、手でさし示したりしていることが多い。腕を組んでいることが多い。
- 口を固く結んでいる。
- 呼吸は浅いことがある。
- 声のトーンがはっきりしている。しばしば、とげとげしい。愚痴をこぼす。かん高い声 [61]。
- 読み書き計算ができる。辞書的な一般的な言葉を使う。
- 視力、聴力、触覚はまだ維持されている。移動もできる。

フェーズ1の人の心理と行動の特徴

- 抑えてきた感情を出す必要がある。
- 現実にしがみついている。
- 理解したい、理解されたいと思う。
- ルールにそって遊んだり、活動したりすることができる。
- 時折混乱することを自覚している。
- 混乱を否定する。あるいは、作話する（忘れたことを補うために作り話をする）。
- 見る、聞く、話す、動くことがかなりよくできる。
- 変化に抵抗する。
- 感情（孤独感、激しい怒り、恐れ）、性的願望などを否定する。
- 喪失が大きくなると、他の人を非難する。
- 自分の行動の理由を洞察できない。
- スタッフ、友人、家族、医師など、権威のある人からバリデーションを受けたい。
- 自分をコントロールできない人やコントロールしようとしない人に対して腹が立つ。
- タッチングや親密さを不快に思う。自分の弱さをさらけ出したくない。
- 「キネスフィア（kinesphere）：個人の空間。フェーズ1にいる人は、身体の周辺50cmぐらいの距離を必要とし、個人のプライバシーを守られていると感じる。
- 認知能力は比較的損なわれていない。分類することができ、時間の概念もある。

61 R Bandler, J. Grinder and V Salk, Changing With Families, Science and Behavior Books, Palo Alto, Cal., 1976

コミュニケーションはとれるが、
多くの時間は「その人の現実」の中で生きている。

自分の欲求や感情を、
あまりフィルターをかけずに（判断することなく）表現する。

● フェーズ **2** にいる人のニーズとシンボル

　フェーズ1の人がさらに多くの身体的喪失や社会的な喪失を経験すると、我慢の限界を超える時がきます。視力、聴力、移動する力、触覚、味覚、認知能力が追い打ちをかけるように低下すると、人は自分の内の世界に引きこもりやすくなります。

　フェーズ2になると、フェーズ1にいる人のように自分の喪失を否定したり、現実にしがみついたりしなくなります。時間の順序にとらわれなくなり、自分の中の世界に引きこもります。時間の感覚がなくなり、心の中の人生の時間をよりどころとします。時間を追うのではなく、記憶を追うのです。時間がわからなくなるので、自分の生涯をたどります。ある感情が引き金となって、別の感情が沸き上がります。現在いる人や物がシンボルになり、過去に戻っていくための乗車券になります。なじみのある動作をすることが過去への移動の手段となり、鮮明なイメージを抱くことが過去へ移動していく力となります。過去に戻るきっかけは、聴力の低下、目のかすみ、近時記憶の損傷です。役立たず、独りぼっちという思いが、彼らを過去に駆り立てます。現実は無力感を味わうばかりだからです。

　脳の損傷は制御中枢に影響を及ぼします。このような人たちは、大人のコントロール、コミュニケーション能力が低下し、服装や社会のルールに従わなくなります。無視され、孤立されがちになるので、ほかの人からの刺激を

受けられなくなります。失禁をしたり、感情が抑制できなくなったりすることが多いです。

　見当識が失われると、その人の現実の中で生きるようになり、愛、憎しみ、別れへの恐怖、アイデンティティへの奮闘など、基本的で普遍的な感情に戻っていきます。これらの感情を多くの認知症高齢者が表現しているのです。

　おとぎ話、古典、民話、神話においても、普遍的感情は話の核心部分になっています[62]。バリデーションワーカーは、精神安定剤の注射針や薬、拘束される痛みに苦しむ人の、やり場のない怒りに共感できます。バリデーションワーカー は、別れの恐怖、自分らしく生きたいという叫び、未知の場面に直面したときに助けを求めるうめき声を理解します。介護者は、暗闇や死に対する普遍的な恐怖、居場所や意味や愛を求める気持ちを受け入れます。「注意を引こうとしているだけ」と、認知症の人の叫びをはねつけたりはしません。

　フェーズ1にいる人は、おびただしい数の喪失を経験すると、フェーズ2の状態に進んでいく可能性があります。もしフェーズ1にいる人がバリデートされていたら、自分の中に引きこもっていくことはなかったかもしれません。たとえ喪失体験が積み重なったとしても、バリデーションにより彼らはコミュニケーションを続け、自己表現をし、解決し続けたかもしれません。

　たとえば、たいていの時間は見当識が保たれている男性が、息子によって老人ホームに入居させられました。息子は、父親にあれこれ文句を言われたり、非難されたりすることに耐えられなくなってしまったのです。ところが、入居によりこの男性は突然フェーズ2に進んでしまいました。バリデーションをしていれば、この男性はたいていの時間は見当識が保たれていた状態のときに、恐怖を表現できたことでしょう。老人ホームに入れられる必要はな

---

62 M. L von Franz, J. Hillman, Jung's Typology, Spring Publications, Ziirich, 1975

かった、あるいはその人の現実に引きこもらずにすんだはずです。文句を言いながらも、自分の家で生活を続けられたでしょうし、彼の文句もバリデーションをすることで減っていったはずです。

フェーズ2の人の身体的な特徴（認知機能および動作を含む）

- 筋肉が緩んでいる。ゆったりとした動き。
- 目は澄んでいるが、焦点が定まっていないことが多く、遠くを見つめている。
- 息遣いはゆっくりで、長い。
- 動作はゆっくりで、目的がはっきりとしない。
- ゆっくり話す。
- 声のトーンは低く、平たん。
- 肩を落として、前かがみ気味。すり足で歩くことが多い。

フェーズ2の人の心理と行動の特徴

- 論理的思考、視力、聴覚の低下が進み、現実がぼやけてくる。
- 感情を表現できるが、事実を覚えていない。
- 比喩的な思考ができなくなっている。人や物を一般的なカテゴリーにあてはめて考えることが難しくなり、比較することができない。
- 人生経験によって得た英知の結晶がある。経験から学んだ直感的な知識に戻る[63]。
- 誰が偽りなく心から言っているのか、誰が見せかけだけなのかは、本人の感覚としてはわかる。

---

63 注49参照

- 子どもの頃の感覚、楽しい感情を覚えている。

- 人の話を聞かない（現在の人への関心が薄い）。

- 最近の出来事は忘れてしまうが、強い感情を抱いた過去の出来事はよく覚えている。

- 過去の未解決の問題を解決すること、役に立っているという気持ちや喜びを得ることにエネルギーを注ぐ。

- 以前の記憶から、ユニークで、詩的で、創造的言葉を使う。59 ページの「シモファイル」の例を参照。

- ルールにそってゲームをすることができない（ビンゴなど）。

- 時計ではなく、個人的な感覚で時間を判断する。時間を人生経験によって計っている。

  例：ある人は愛に飢えています。愛 = 食べ物であり、昼食を終えた後、すぐに食べ物を要求します。

- 具体的な言及をせずに代名詞を使う。たとえば、「彼」が、神、父親、悪魔、自我、世界、権力者、男らしさなどを指すことがある。

- 記憶している過去の人や出来事の代わりに、シンボルを使う場合が多くなる。言葉ではなく、心的視覚イメージ（直観像）の中で考える。

- 優しいタッチングやアイコンタクトに対するストレスが減り、反応するようになる。

- 歌詞通りに歌えないことが多い。

- 読む能力は保たれているが、書けなくなることが多い。

- 注意を集中できる時間が短い。

- 特に耳が聞こえなくなると、遠い昔の音が心の中でよりはっきりと聞こえるようになる。

- 大人としてのコントロールがきかなくなり、性、愛、食べ物などの衝動をすぐに満足させることを要求することが多い。

まだコミュニケーションはとれているが、たいていは欲求や感情を自分の中に秘めている。

動作や音で欲求や感情を表現する。

● フェーズ 3 にいる人のニーズと動作

　フェーズ2の人が、自分の気持ちをバリデートしてくれる人に、感情を共有して気持ちの整理をつけることができないままでいると、多くの場合、自分の中の世界にさらに引きこもるフェーズ3の状態になっていきます。

　フェーズ3では、言葉が発達する前にしていたような基本的な動作をしたり、音をたてたりして、現実世界から逃避するようになります。そうして自身を癒し、以前やり残した葛藤に向き合おうとします。このフェーズでは、体の一部がシンボルとして使われるようになり、言葉の代わりに動作で感情や欲求を表現するようになります。

　ある人は、動きがとれないという思いで、自由を感じるために、服を着たり脱いだりを繰り返していました。また別のある人は、何かが満たされない思いを和らげるために、チョークを食べようとしていました。ある人は怒っていて、その怒りが和らぐまで、どんどんとテーブルをたたき続けていました。

　どんな感情を「悪い」と考えるかは、その人の親の「悪い」行動についての考えに応じて異なってきます。彼らは後期高齢期において、葛藤の解決のために、これらの感情を表現するという英知を持っています。それまで生涯にわたってコントロールしてきた羞恥心、罪悪感、性的欲望、あるいは怒りなどの感情が、見当識を失った後期高齢期になって、表面に現れるのです。

　たとえば、あるフェーズ3にいる男性がズボンを下ろしてしまう。これは、生まれて初めて自分が人前で男であることを示したい、あるいは、青年期に自分の性的関心を罰した親に対して、大きな怒りをついにあらわにしているのかもしれません。

　これまで生涯にわたってずっと栓をしていた感情が、今あふれ出してくるのです。栓は姿を消し、厳しい規則への怒り、トイレトレーニングで失敗してしまった恥、適切なときに、適切な場所で、適切な人に対して行ってこなかったことに対する自責の念が、人生のゴールを迎える前に興奮した動作で表現されたりします。

　フェーズ3になると、言語的なものではなくなり、舌、歯、唇を動かして音を出して、感覚的な喜びを得るようになります。「二次的に学んだ論理的な発話能力がなくなると、『最初の言語的パターン』に戻る[64,65]」。たとえば、フェーズ3の人は、隔絶され一人になったとき、母親に会いたいとの思いから、幼い時に学んだ「ママ、ママ」と声にすることによって母親を蘇らせたりします。上下両方の唇を使って「ママ、ママ」と声にする動作が、この人にとって母親なのです。そうするとその人はもう独りぼっちだとは思わなくなるのです。乳児がはじめて言葉を発したときのように、母親を呼び戻したのです。

　体を動かして、過去の世界に移動する人もいます。ある女性後期高齢者は、かつて乳児のときに母親に揺り動かしてもらっていたときのように体を揺り動かして、母親の記憶を蘇らせています。また、ある高齢者は看護師に優しくタッチングされると、母親に触ってもらった感触を思い出し、不安が和らぎ、安心します。タッチングがその高齢者にとって母親の代わりになるのです。ひとつのタッチングを通して、その女性は母に触られたときへと80年の時間をさかのぼったのです。

---

64 PK. Saha in: Edward Feil, The More We Get Together, film (Cleveland, Ohio: Edward Feil Productions, 1988)
65 Fell and Flynn 注17参照

● フェーズ3にいる人のシンボル

　あるフェーズ3の女性は、ソックスが息子の代わりとなっています。昔息子のソックスを洗っていたからです。心の中で彼女は家に帰っています。ソックスによって息子を思い出し、ソックスがその人にとっては息子になるのです。

　フェーズ3にいる人は、鮮明なイメージを描きながら[66]、老人ホームを生産性の高い職場に変え、過去を旅していったりします。父のように強い感触の椅子が「父親」になったり、女性高齢者の手が彼女の赤ちゃんになったりします。過去の友人、親類、同僚のような顔や声の持ち主が、年齢や性別にかかわらず、その人そのものになります。体の空間認識が低下するので、車いすに座ったまま、自分の足を動かさなくても、鮮明な記憶をたどりながら、「歩いたり」「踊ったり」しているのです。あるいは、恋しく思う人や物を鮮明な記憶で補いながら、注意深く、なじみのある手の動作をしたりします。

　私は世界のあらゆるところで、見当識障害のある高齢者がシンボルや動作を使って、過去へと旅しているのを見ました。米国ワイオミング州キャスパーでは、自分の指を使って石油を掘削する男性が、ミネソタ州北部では木を伐る人が、農村地帯では、指と手を巧みに使って記憶を再現し、想像上の牛の乳しぼりをする人がいました。生涯働いてきたように、老年期においても彼らは仕事をしています。殺風景な現在を生き抜くために、仕事をしているのです。

　つらい現在に気づくと、過去へとさらに退却していきます。精神安定剤を使用したり拘束したりすると、多くの場合、高齢者はさらに自分の中に引き

---

66 Adelaide Biy, Visualization, Barnes and Noble Books, New York, 1979

こもっていきます。育むような関係の中、感情を確認・共有するバリデーションによって、フェーズ2の人がフェーズ3に進行しないことが多々あります。バリデーションによりストレスが和らぎ、過去に戻る必要性が減るのです。

フェーズ３の人の身体的な特徴（認知機能および動作を含む）

- 体を揺らす、あるいはダンスする。
- 歌うことはできるが、文章で話すことはできない。
- ハミング、舌を鳴らす、うなるような声を出す。
- 筋肉が緩み、淑（しと）やかな動き、しかし動作は意識していない。
- 失禁がある。
- 目を閉じていることが多い。あるいは焦点が定まっていない。
- 頻繁に泣く。
- 指や手で、どんどんたたいたり、打ったり、コツコツと軽くたたいたり、ボタンを留めたりはずしたりする。
- 同じ調子でうろうろ歩く。
- 同じ音・動作を何度も繰り返す。
- 息遣いは落ち着き、リズミカルで一定。
- 声は低く、メロディのような音調。
- 愛を得ようとしたり、怒りを表現したりしている時、すごい力が出る瞬間がある。
- 読むことあるいは書くことが難しくなる。
- 幼い時に覚えた歌は最初から最後まで歌える。

フェーズ3の人の心理と行動の特徴

- 話をしたいという欲求が、使われなくなることで低下する。

- 常に動いていることによって、生き続け、喜びを感じ、不安を抑え、退屈さを紛らわせ、存在していることを確認している。

- 考える力が低下している。

- 繰り返し何らかの音を出すことによって、感情を刺激し、確かめ、整理しようとしている。

- やる気があれば、担っていた社会的役割を回復できる。

- 自己認識能力や、空間における自分の体の認識（身体感覚）がだんだん失われていく。

- やる気がなければ、外からの刺激を遮断している。

- 踊ったり歌ったりするエネルギーはあるが、話したり考えたりするエネルギーは少ない。

- 注意力が持続しない。複数の人や物に一度に集中できない。

- そばに近づく、相手をいつくしむような温かいタッチング、声の調子、アイコンタクトなどを組み合わせながら接しないと反応しない。

- あきらめ孤立して自分を刺激するようになる。

- 繰り返しの動作を通して、心の葛藤を解決しようとする英知を持っている。

- 昔したことを覚えている。

- 使っていない発話能力と論理的思考を、限定的ではあるが幾分か回復することができる。ほかの人と交流することができる（ただし、これは愛情のこもった、バリデーション的な、誠実な関係においてのみである）。

- ルールがあるゲームをすることができない。せっかち。欲求をすぐに満足したがる。

フェーズ **4**

周りの人が知覚できるほどの
表現や会話はなく、
コミュニケーションがほとんどとれなくなる。

欲求や感情をほぼ完全に自分の中に閉じこめている。

　フェーズ4になると、高齢者は完全に世界を閉ざし、人生の解決を図ろうと奮闘するのをやめます。最低限の自己刺激で、かろうじて生きています。フェーズ3の人が精神安定剤で穏やかにさせられたり、拘束されたり、現実と対決させられると、多くの場合、さらに退避し自分の欲求や感情を自分の内に押しこめるようになります。完全に引きこもった状態です。

　私は、フェーズ4の人がバリデーションに反応したことを記録してきました。多くのバリデーションワーカーは、非言語的な反応があったことを報告しています。3か月バリデーションを継続した後、ある女性は目を開け、息子の名を言いました。

　知覚できるほどの表現や会話がなく、自分の奥深くに引きこもり、ほとんどコミュニケーションをとらない人には、その人が生きている限り、タッチングをし、その人の存在を認め、お世話をすることが必要です。ワーカーがもっと前のフェーズで働きかければ、その人が最後のフェーズであるフェーズ4に進むのを予防できるかもしれません。

フェーズ４の人の身体的な特徴

- 目はほとんど閉じている。あるいは焦点が定まらないうつろな目をしている。

- 筋肉は緩んでいる。

- 前かがみになって座っている。あるいは、胎児のように体を丸くしてベッドに寝ている。

- 動きはほとんど感じられない。

フェーズ4にいる人の表情や呼吸の様子に集中します

フェーズ４の人の心理と行動の特徴

- 近親者を見てもわからない。

- 自分の体の認識を失っている。

- どんな感情もほとんど出さない。

- どんな活動も始めない。

- 解決しているのかどうか知る由がない。

第 **3** 部

個人に
バリデーションを
する

3つのステップ

ステップ1

情報を集めよう

　バリデーションを実践するには、ワーカーは相手のことを知らなければなりません。つまり、その人の過去と現在、さらには将来予想されることを知るということです。このようにアセスメントをして得られる情報は、経過を評価していくための基準となります。218ページの「経歴と行動のデータ」には、バリデーションを実践するにあたって必要な情報を記録します。219ページの「個人バリデーションセッションサマリー」の様式は、バリデーションセッションをした後に経過を評価するために使用します。知りたい情報は、以下の通りです。

- 解決のステージのどのフェーズなのか
- やり終えていないライフタスク、表現してこなかった感情
- 満たされていない基本的欲求（30ページ参照）
- 過去の人間関係、すなわち家族、友人、権威のある人物、大切な人の死、子ども、パートナー、きょうだい
- 仕事、趣味、かなわなかった大きな望み
- 宗教の重要性
- 危機に向き合う方法
- 老年期の喪失にどのように対処してきたか
- 病歴 － その人に直接聞く、あるいはカルテを見る。若かったときに精神疾患の兆候がないか精神科の病歴を確認する。

　情報収集には、口頭で質問する、身体的特徴を観察する、家族に聞く、の3つの方法があります。認知症後期高齢者は、1日のうちでもその人の状態が著しく変化することが多いので、ワーカーは少なくとも2週間かけて、1日のいろいろな時間帯にその人に会って情報収集をします。

　その人の個人歴を知っていると、その人との関係が意味あるものへと発展していくでしょう。その人について知れば知るほど、バリデーションテクニックを使いやすくなります。信頼関係ができると、認知症高齢者に安心感が芽生えます。人は安心すると、精神的に力が湧いてきます。人との交流が増え、話し始め、考えや感情を共有し、自己肯定感が高まるのです。言葉の話せる認知症高齢者に聞き取りをする場合は、「今ここ」と「あの時あの場所」に焦点をあてた質問をするとよいでしょう。不安をあおるような質問をしないよう、慎重に言葉を選んで質問をしてください。たいていの時間は見当識が保たれているフェーズ1の人は、大切な日にちを忘れているかもしれません。具体的な期間について尋ねるような質問はしないようにしましょう。

● 「今ここ」に焦点をあてた質問をしてみよう

> ### 「今ここ」に焦点をあてた質問
>
> 1. この施設（病院、デイケアセンター）には長くいらっしゃるのですか？
>   （「この施設にはどのくらい住んでいらっしゃいますか？」ではなく）
> 2. お食事はどうですか？　スタッフはどうですか？
>   病気の治療はどうですか？　同室の人とはどうですか？
> 3. ここでは十分やることがありますか？
> 4. ここに来てから病気になったことはありますか？
> 5. 行事や活動はたくさんありますか？
> 6. ほかの方はどうですか？　親しみやすいですか？
> 7. どのようなことでここに来られましたか？
> 8. さみしくないですか？
> 9. ベッドの寝心地はいいですか？　夜は眠れますか？
> 10. 同室の人が夜中に音を立てて困ることがありますか？
>   それにはどうしていますか？
> 11. 名前や日にちがすぐに思い出せなくて困ることがありますか？
>   そのようなときはどうされますか？

▶ 見当識が保たれているケース

　見当識が保たれており、人生に折り合いをつけている人は、通常このような答え方をするでしょう。

●バリデーションワーカー
「ここには長く住んでいらっしゃるのですか？」

●見当識が保たれている88歳
「3年以上です。慣れるのには時間がかかりますが、今は気に入っていますよ。自分の家のようにはいきませんが…」

▶ フェーズ1のケース

　フェーズ1にいる人の場合、今現在がわかっていますが、現在の状況に愚痴をこぼし、感情に関わる質問には答えてくれないでしょう。

> ●バリデーションワーカー
> 「ここには長く住んでいらっしゃるのですか?」
>
> ●フェーズ1にいる男性
> 「長すぎる。1分1秒が長すぎる。ここはとても臭くて、うんざりする。ここでは消臭剤なんて聞いたことがない。でも年寄りはどうしようもない。残念なことだ」

▶ フェーズ2のケース

　言葉を話すことはできるものの、多くの時間はその人の現実の中で生きている人(フェーズ2)であれば、「今ここ」に焦点をあてた質問に答えてくれないでしょう。そのかわり、以前住んでいた家、両親、きょうだい、仕事の話題などに触れるでしょう。

> ●バリデーションワーカー
> 「ここには長く住んでいらっしゃるのですか?」
>
> ●フェーズ2にいる85歳
> 「ここは私のうちです。ここに住んでいるのです。私は妹の面倒を見ています。母は外にいます」

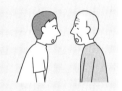

▶ フェーズ3のケース

　フェーズ3にいる人であれば、標準的な言葉を使って答えてくれず、音を組み合わせて独自の言葉をつくるでしょう。

> ●バリデーションワーカー
> 「ここには長く住んでいらっしゃるのですか?」
>
> ●フェーズ3にいる92歳
> 「みんながみなって、私はみなわせられないの
> (その人独自の音の組み合わせの言葉)」

●「あの時あの場所」に焦点をあてた質問をしてみよう

「あの時あの場所」に焦点をあてた質問
（過去に焦点をあてた質問）

1. あなたは今まで何度も病気になったことがありますか？

2. このホーム（デイケアセンターなど）に来られたきっかけは何ですか？

3. ここに来る前は、ご自分の家に住んでいらしたのですか？家族と一緒に住んでいましたか？

4. お生まれはここだったのですか？　引っ越しは大変でしたか？

5. 奥さん（ご主人）が病気になった時、あなたはどのように切り抜けられたのですか？　お子さんが助けてくれましたか？

6. お子さんはいらっしゃいましたか？　きょうだいは？

7. あなたの配偶者はどのような仕事をしていましたか？あなたはどのような仕事をしていましたか？

8. あなたのお父さんは、この地方の出身ですか？お父さんの仕事は何でしたか？

9. お母さんは仕事をされていましたか？

10. あなたは長男（長女）でしたか？　末っ子でしたか？あなたはきょうだいの世話を手伝いましたか？

11. あなたの両親は厳しかったですか？

12. 楽しいことは何でしたか？　料理は好きでしたか？　踊りは？教会（お寺さん）で歌を歌いましたか？　よく外出しましたか？それとも家にいるのが好きでしたか？

13. 外国に旅行しましたか？（具体的な国の名前を挙げて、選択肢を出してください）。

14. よい結婚生活を送っていましたか？奥さん・ご主人は必要な時に　一緒にいてくれましたか？

15. 困難な時期を切り抜けていくために、何をされましたか？

16. 人生で一番つらかったのは何ですか？　最悪の時は？　最高の時は？

　質問 4、5、10、11、14、15、16 は、その人は人生を通してどのように困難な状況に対応してきたのか、その対処方法に触れる質問です。質問 1、6、7、12、13、14、16 は、人生においてやり残した問題を探索する質問です。

　具体的な地名や曲名を覚えていないこともよくあります。「どんな歌が好きですか?」というような一般的な質問をすると、不安をあおってしまうかもしれません。なるべく具体的な質問をした方が、高齢者は答えやすくなります。

　答えを含んだ質問であれば、不安を感じさせず、相手に尊厳を与えることができます。たとえば、「炭坑節や黒田節はお好きですか?(九州の人なら)」「お寺さんでは『らいはいのうた』や『ああこのよろこび』を歌われましたか?(その人の宗教的な背景・経験に応じて)」「教会では『主我を愛す』や『いつくしみ深き』(讃美歌) を歌われましたか」「京都に旅行したことはありますか?　北海道は?」のように、答えを簡単に選べることができる、答えやすい問いかけをしてください。それは、あなたが下調べをしたこと、その人のことを知っていること、理解していることを示しています。その人はあなたを信頼することができるでしょう。あなたの思いやりに安心感を覚えるのです。

　もし高齢者が最近の喪失体験を覚えておらず、話が両親や幼いころのことに移る場合は、その人はフェーズ 2 かフェーズ 3 でしょう。あらゆる喪失を否定している場合は、その人はフェーズ 1 であることを示しています。

　現在のことにはほとんど触れず、遠い過去をはっきりと鮮明に表現する場合は、その人がフェーズ 2 かフェーズ 3 にいることを示しています。フェーズ 4 の人は、まったく反応がない、あるいはワーカーとのアイコンタクトを保ちません。

● 身体の様子を観察しよう

　その人の身体的特徴を観察することも、情報収集の重要な方法です。身体的特徴は、その人がどのような人生を送ってきたかを要約したものになります。顔に刻まれたしわは、その人がどのように人生の問題に対処してきたかを示唆しています。高齢男性の額に深いしわが刻まれている場合は、一生気苦労してきた可能性があります。深く肩を丸めている高齢男性は、外の世界から自分の身を守っています。ある場所から別の場所へとせっかちにぎこちない動きをする人は、「どちらに行ったらいいのかだろう？これからどうしよう？」という心の中のうろたえを示しています。目が定まらず、方向性なく夢を見ているようにゆっくりと歩き回る人は、たいてい過去に逃避していることを意味しています。

　頭のてっぺんから足の先に至るまで、注意深く上から下へと非言語的なアセスメントをしましょう。髪の毛に注目してください。髪をていねいに櫛でといているということは、以下のいずれかのようなことが考えられます。

- 見当識は保たれており、日常の身の回りのことができる。
- 特別なお手入れをする経済的な余裕がある。
- たいていの時間は見当識が保たれており、身だしなみを非常に気にしている。
- 家族が頻繁に訪問するので、身だしなみに注意している。

髪をといていない場合は、次のことが考えられます。

- 攻撃的で、誰の世話もしたがらない。
- 家族との関係が悪い。
- 特別な手助けをしてもらう余裕がない。
- 自分で絶えず頭をぼさぼさにする。

表 動作とその意味

動作	意味
目が右上を見ている	その人は何かを視覚化している
まっすぐ見ている	その人は何かの音を聞いている
下の方を見ている	その人は何かを感じている
早い呼吸	その人の好みの感覚は視覚が優位である
均等な呼吸	その人の好みの感覚は聴覚が優位である
深い呼吸	その人の好みの感覚は身体感覚が優位である
高い声のトーン	その人の好みの感覚は視覚が優位である
中程度の声のトーン	その人の好みの感覚は聴覚が優位である
低い声のトーン	その人の好みの感覚は身体感覚が優位である

　続いて顔を見てみましょう。目を見てください。心理療法の一つである神経言語プログラミングでは、上の表に示したような動作から、その人の好みの（優位な）感覚が何であるかがわかると考えられています[67]。

　乳児期以降、自分の好みの感覚が発達します。94ページを参照。聴覚、視覚、触覚、味覚、嗅覚などの感覚のうち、一番よく使うのが好みの感覚です。老年期になると、この好みの感覚に頼って世界を認識するようになります。しかし、自然の老いの過程で好みの感覚に支障が生じ始めると、特につらい思いをすることになります。

　たとえば、好みの感覚が視覚である女性が聴力を失った場合、自己肯定感を傷つけられることなく、この喪失を克服できるかもしれません。しかし、視力を失った場合は、その人にとっては世界との主なつながりを失う、世界を認識する方法を失ってしまうことになるのです。

---

67 R Bandler, J. Grinder, Frogs into Princes, Real People Press, Salt Lake City, Utah, 1979

「今ここ」や「あの時あの場所」に焦点をあてた質問をするときに、高齢者の自然な目の動きに注目しましょう。たとえば、「人生で最悪の日は何でしたか？」と聞いたとき、相手の人が見上げた場合は、その人はおそらくその場面を目に思い浮かべているので、視覚的な人であることがわかります。その場合、ワーカーは相手の好みの感覚である視覚的な言葉を使うようにすると、相手との信頼関係を築くことができるのです。好みの感覚の具体的応用についてはテクニックの項を参照してください。

　下唇、頬、あごの位置、肌の色の変化、肩、腕、手、指、胸、脚、足を見ましょう。歩行器や車いすを使っている場合でも、その人の動き方を観察してください。ただし、この時点では結論を出さないでください。情報集めの2週間を通して観察したことを記録します。

ステップ 2

解決期のどのフェーズなのかを評価しよう

　観察した身体的特徴及び口頭で聞いた経歴を、第2部に挙げた解決期の4つのフェーズの典型的な身体的・心理的特徴に照らし合わせてみましょう。人は1日を通して変化することを忘れないでください。どのフェーズにいる人なのかを知ることによって、どのバリデーションテクニックを使えばよいかがわかります。

定期的にその人に会い、
バリデーションテクニックを使おう

　個人バリデーションのセッションサマリー（219ページ）に記入します。対応する時間（接触時間）は、その人の言語能力、集中力が持続する時間、ワーカーが空いている時間次第です。フェーズ1にいる人の場合、接触時間は5〜15分の間です。フェーズ2の人の場合、2分から10分の間、フェーズ3とフェーズ4の人との接触時間は1分から10 分にとどめます。大切なのは時間の量ではなく質です。

　ワーカーに時間があり、相手が受け入れていれば、もっと多くの時間を使ってください。長期にわたり介護施設に入所している高齢者であれば、やりとりは少なくとも週3回、もし急性期の施設に入っている人の場合は、もっと頻繁に、たとえば1日3回行います。訪問介護、あるいはデイケアセンターのような外来や通所の環境でやりとりをしている場合は、頻度が減る場合があります。その人を訪問する頻度にかかわらず、あなたがその人にまた来ますと言った場合には、必ず行くようにしましょう。

　面談・やりとりを終えるタイミングは、以下のいずれかの兆候が見えたときです。フェーズ1の人の場合、声のけわしさが和らいだ、呼吸が落ち着いてきた、脈が普通になってきた、瞳孔が開かなくなる、下唇が緩むあるいはその人が笑顔になったときです。フェーズ2の人の場合、あなたがその人と一体となるような親密な瞬間を達成した、その人が言葉で答える、発話能力が改善する、足取りが改善する、あるいは、ほかの人との交流をあなたが助けてあげて、その人がもはやあなたを必要としなくなったときです。フェーズ3の人の場合、繰り返しの行動が減る、あなたが親密な接触をした、あるいは、否定的なふるまいがその人のニーズを満たす音楽、動作、その他の形

の表出に変わったときです。フェーズ4の人は、反応にかかわらず3分後には終了します。

　バリデーションはどこでもできます。介護スタッフは高齢者をトイレに誘導する間に、看護師は服薬のときに、家族は訪問時に行えます。唯一考慮すべき点はプライバシーです。他人に邪魔されない環境の中で、信頼に基づいた1対1の関係にしなければなりません。「セッション」は、他の人がいる大きな部屋で行うことはできますが、批判的なことを言われたり、途中で邪魔が入り不安が生まれたりするようなことのない、親密なスペースをつくらなければなりません。

　どのような場合でも、バリデーションワーカーは、必ず以下のことを行います。

- センタリングをする。(95ページ)
- 身体的特徴の観察 (目、筋肉、あご、声のトーン、動きなど) をする。
- 集中して聴く。
- 語られた事実が「真実」か否か議論しない。
- 一方的な判断をしない。批判しない。
- その人が他人に入ってほしくないと思っている物理的・心理的空間を意識する。

　これから紹介するテクニックは、相手との関係づくりのためのものです。一人ひとり違いますので、ひとつの処方のようなものはありません。各ワーカーは自分の能力を駆使して、見当識を失った高齢者に共感します。正直で誠実、思いやりのあるワーカーが認知症の高齢者を傷つけることはありえません。たとえあなたが失敗しても、高齢者は賢者ですから、あなたを許してくれるでしょう。

フェーズ1にいる人への
テクニック

> ## フェーズ1
> コミュニケーションをとることがよくでき、たいていの時間は見当識が保たれてる。否定をしたり、つくり話をしたりすることで、恐怖心を抱きつつ、まだ失われていないものにしがみついている。

▶ センタリングをする (95ページ参照)

　フェーズ1にいる人は、とげとげしく、人につらくあたってしまうことが多くあります。友人や家族を寄せつけません。バリデーションワーカーは、それをつらく思う自分の感情に気づき、その感情をタンスにしまってから、相手の世界に入っていきます。そしてバリデーションセッションをした後に、たとえばバリデーションをするチーム仲間のミーティングで自分の気持ちを吐き出せばいいのです（チームについては83ページを参照）。

▶「誰が、何を、どこで、いつ、どのように」
の質問を使って探索する

　レポーターになりましょう。事実を探索してください。「なぜ」という質問はしないように気をつけます。認知機能が衰えた高齢者はなぜかを知ろうとしませんし、これは知的な回答を求める質問だからです。

▶ リフレージング

　その人が言ったキーワード（話す速度を変えたり、強調された言葉。そのような言葉には感情が秘められています）を使って、要点を繰り返します。リズムをとらえ、下唇の形を正確に映し出します。（緊張しているのか、口角を上げて微笑んでいるのか、口をすぼめているのかなど）

▶ 相手の好みの感覚を使う
（ワーカーは相手の好みの感覚を見つけ、その感覚を表す言葉を使う）

　前述の神経言語プログラミングを参照してください（94ページ）。

（例）
視覚的言葉　　　：見つける、思い描く、見る。
聴覚的言葉　　　：聴く、聞こえる、大声で、響く。
身体感覚的言葉：感じる、感触がする、触れ合う、つかむ、打つ、
　　　　　　　　　突き刺す、ピンとくる、痛いなど。

▶ 極端な表現を使う、極端な状態を聞く

入居者　　：下着を盗まれる。

ワーカー：いつも頻繁に盗まれるのですか？
　　　　　　全部盗られるのですか？

入居者　　：痛い。

ワーカー：どんなにひどい痛みですか？　一番ひどいのはいつですか？

入居者　　：いい夫だった。

ワーカー： どんなところが一番好きでしたか？

▶ もし正反対のことが起こったら（あるいは起こらなかったら）どうなるか想像させる

入居者 ： 食事に毒を入れられる。
ワーカー： 食事に毒を入れられない時はありますか？

入居者 ： ベッドの下に男がいる。
ワーカー： その男がいない時はありますか？

▶ レミニシング（思い出を語る）

　ワーカーが過去について関心を持って聞いていくことは、高齢者にとっても良いことですし、楽しい人間関係が促されます。フェーズ1の人は過去と現在を区別することができます。老年期になると、浮かない気持ちになることが多いですが、過去の話をすることで自分の気持ちを表現できることもあります。一度にあまりにも多くのことを聞かず、その人の持っている境界線を常に尊重しながら、ゆっくりと関係を構築すれば、信頼の火をともすことができるでしょう。

- 「学校を卒業してから、どうなりましたか？」
- 「ご主人（奥さん）とはどのような出会いだったのですか？」
- 「お産のときのことを覚えていますか？どうでしたか？」
- 「あなたのお母さんが亡くなってから、一番つらかったのは何でしたか？」

▶ なじみのある対処法を見つける援助をする

　レミニシングを変化させたものです。バリデーションワーカー は、その人が現在の困難を乗り越えることができるような対処法を使ったことがあるか、過去の状況を思い出せるように援助します。「いつも」とか「決して」という言葉は、以前使っていたつらい状況への対応方法を思い出すきっかけとなるかもしれません。

入居者　　：　夜眠れないの。

ワーカー　：　いつもそうなのですか？　ご主人と一緒に住んでいたときも、このような問題をお持ちでしたか？

入居者　　：　そうね。いびきがひどかったけれど、2分おきに起きてトイレに行くようなことはありませんでしたよ。同室の人のようにね。

ワーカー　：　ご主人が大きないびきをかいていたとき、どうやって寝ていたのですか？

入居者　　：　睡眠用テープを見つけて、小さな音量にしてテープレコーダーでそっと聞いたの。夫は気にしませんでした。そのために夫が目を覚ますことはなかったわ。

　フェーズ1にいる人は、深く親しい関係からは距離を置き、感情に触れられるのを好まないことが多いです。ですから、フェーズ1の人には、握手や前腕に優しく触れる程度の親しさで十分です。タッチングはその人のニーズに合わせましょう。あなたが触りたいかどうかではありませんので、気をつけましょう。自分を守りたいというその人の思いに気づいてあげましょう。しかし、いったん親しい関係になれば、タッチングを望む人もいます。相手のリードに従ってください。

● セッションを終えるタイミング

　高齢者との話を終える前に、あなたが思いやる気持ちを心より相手に伝え、敬意を払いながら握手をします。終えるタイミングは、不安が和らいだ時、つまり、呼吸が落ち着き、筋肉が緩み、目が穏やかになった時（5分から15分までのバリデーション）です。拒絶されることを恐れている人が多いことを忘れないでください。いつあなたが戻ってくるのかを告げ、言った通りに戻ってきましょう。施設のチームで仕事をしていて、あなたが施設を辞める場合は、チームメンバーにあなたの代わりを頼んでください。フェーズ1にいる人は、簡単に新しい関係をつくらないので、少なくとも2週間、深く悲しみ思い出話をする時間をあげ、あなたの代わりを務めてくれる人と関わりをもてるように力添えしましょう。

フェーズ1にいる人とのバリデーションの例

登場人物 ： 老人ホームに入居したばかりのフランクさん（男性）96歳
バリデーションのトレーニングを受けた看護師のワーカー 52歳
場　　所 ： 老人ホームの看護ステーション
時　　間 ： 午前10:30。エネルギーが高まり、頭が冴えているゴールデンタイム

目 標

- 信頼関係を築く。

- フランクさんが、地域を離れて老人ホームで暮らすという重大な出来事を乗り越えられるようにする。

- 抑えていた怒りや精神的苦痛を表現しようとする彼の必死の努力を助ける。

医学的状況

10年前に軽い脳梗塞を起こした。膝にページェット病。最近前立腺の手術を受ける。視力が弱いが、それ以外の健康状態は良好。精神科の診断は、アルツハイマー型認知症、妄想がある。

社会的状況

姪によると、フランクさんの両親は非常に厳格だった。フランクさんは離婚しており、親しい友人はいない。父親に「駄目なやつだ」と言われ、学校でもあまりいい成績はとれなかった。仕立て屋になり、それなりに生計を立てていた。趣味はウォーキング。前立腺の手術の後、外科医が自分を去勢したことを非難し、あらゆる権力に対して怒りを感じているようだ。

身体的特徴についてのワーカーの所見

　体をこわばらせて座っている。あごを突き出し、目を細め、頬と下唇の筋肉はぴんと張っている。深い呼吸をする。自分の身は自分で守る、他の人には持たせないと言わんばかりに、食事中でも杖を握りしめている。声は低く、とげとげしく、人を責めるようなトーン。自分に関わる質問をされると下を向く。怒ると首の血管が浮き出る。動き方は、素早く、固くてぎこちなく、遠慮がない。

評　価

　フェーズ1の兆候：否認、非難、時折の見当識障害がある。男性権力者に繰り返し激しい怒りをぶつけるのは、これまでこらえてきた怒りを解決したいという彼の欲求を示している。彼の杖は、権力・性的能力を象徴しているようである。彼の好みの感覚は身体感覚である。彼がやり残したライフタスクは「反抗」。誰とも深く親しくなったことがないので、信頼関係を築くのが難しいだろう。最低1日1回、バリデーションを10分から15分間、体系的に常に行うことが必要。

▶ **バリデーションにおけるやりとり**

　ワーカーは感情に触れる言葉で話しかけるのを避けている。フランクさんは感情に触れられるのが嫌だからである。礼儀正しい口調で、握手をし、フランクさんは私的空間（約50cm以内）には入らないようにしている。視線を合わせるのは一瞬のみで、言葉や目で相手を探ろうとしない。フランクさんの年齢や経験を尊重して、ワーカーはフランクさんを名字で呼ぶ。上から見下ろすことがないよう、同じ高さになるよう、隣に座る。フランクさんの

言っていることが「誤って」いることが多くても、決して否定しない。

フランクさん ： あのインチキ野郎。医者だと思って（嫌悪感をあらわにして、
　　　　　　　　床につばを吐く）。

　　ワーカー ： お医者さんってどなたのことですか？（オープンクエスチョン
　　　　　　　　で聞く）

フランクさん ： あの野郎は私が嫌いなんだ。私の部屋に肥やしをまいて、私
　　　　　　　　を転ばそうとする。あちこちにごみを捨てるし。それから、
　　　　　　　　私のカレンダーを全部破ってしまったので、次の祝日が何な
　　　　　　　　のかもわからない。もう我慢ならん。

　　ワーカー ： はらわたが煮えくり返りますか？（相手の好みの感覚である身
　　　　　　　　体感覚を表現する言葉を使って）

フランクさん ： わざとやっているんだ。

　　ワーカー ： 故意にあなたにしているということですか？
　　　　　　　　（リフレージング）

フランクさん ：そうだ！

　　ワーカー ： 毎日それをするのですか？（極端なことを聞く）

フランクさん ： 昼だけではなくて、夜もだ。夜が最悪。寝かせてくれない。
　　　　　　　　いびきがひどくて、しょっちゅうトイレの水を流すやつを同
　　　　　　　　室にして。

　　ワーカー ： （センタリング、笑わない）一晩ぐっすり眠れた時はあります
　　　　　　　　か？（反対のことを想像させる）

フランクさん ： あんたが夜勤の時。でもそれは1か月に1回だからなあ。

　　ワーカー ： いつもこうだったのですか？（レミニシング）

フランクさん ： 姪っ子と一緒に暮らしていた時には眠れたんだけどね。あん
　　　　　　　　たを見ていると姪っ子を思い出すよ。姪っ子はいつも数分間、

　　　　　聖書を読んでくれた。そうすると眠ることができたんだ。
　ワーカー　：　聖書をお持ちですか?

　ワーカーは、けんか腰になることなくフランクさんの世界に入っていったので、彼と信頼関係を築くことができました。そして、眠れないという彼の問題に対し、彼自身の解決策を見つけるのを助けました。また、権力者に対して抱えていた怒りを表現できるようにしました。毎日10分、1対1のバリデーションを6か月続けると、変化が現れるでしょう。彼の怒りは吐き出すうちに、和らいでいきます。ワーカーは、批判することなく耳を傾ける必要があります。

　バリデーションを絶えず続けることで、フランクさんはフェーズ2へと退却することなく、フェーズ1にとどまるでしょう。しかし、非難することはやめないでしょう。彼は常にやりかけのライフタスクを解決しようとしているからです。それらが解決することはないでしょう。しかし、十分だと感じるようになるにつれ、権力者を責める欲求が減っていくでしょう。もう犠牲者のように感じなくなるからです。

フェーズ2にいる人への
テクニック

> **フェーズ 2**
> コミュニケーションはとれますが、多くの時間は「その人の現実」の中で生
> きています。自分の欲求や感情を、あまりフィルターをかけずに（判断する
> ことなく）表現します。

▶ センタリングをする（前述のとおり）

▶ 「誰、何、どこ、いつ、どのように」の質問をする
　 ―「なぜ」とは聞かない。（前述のとおり）

▶ リフレージング（前述のとおり）

▶ 好みの感覚を使う（前述のとおり）

▶ 極端な表現を使う、極端な状態を聞く（前述のとおり）

▶ もし正反対のことが起こったらどうなるか想像させる（前述のとおり）

▶ アンカード・タッチ

　私たちを守る、目に見えないサークルの中にゆっくりと入っていきま
す。フェーズ2の人には、大切に育むような接触が必要です。眠ってい
る神経細胞を再び目覚めさせるためには、他の人からの刺激が必要なの
です。視力や聴力が著しく損なわれており、相手を見たり、声を聞いた
りするためには、距離が近くなければなりません。それから、正面から
近寄るようにしましょう。フェーズ2の人は、目の隅から見る能力（周
辺視野）が通常失われているので、横の方から近づかれるとびっくりし
てしまうかもしれないからです。

タッチングには、一般的なタッチングとアンカード・タッチの２つの
タイプがあります。一般的なタッチングというのは、私たちが日常生活
の中で通常行っているタッチングで、手を握ったり、手を肩にあてたり、
話をしている相手の膝に手を置いたりなどです。

一方、アンカード・タッチというのは、過去の人間関係への思いや記
憶を思い出させるような特別な場所（多くの場合、顔）をタッチングする
ことです。たとえば、相手の頬に手をあてて円を少し描くようにすると、
「母親」の記憶や感情を引き起こすことが多いことを私は見つけました。

どんな場合も、ただ高齢者をさすったり、あたかもペットをなでるよ
うにしたりしてはなりません。タッチングというのは強力な手段なので
すが、思慮深く、相手を気づかいながら、行わなければなりません。ア
ンカード・タッチについては、フェーズ3の人へのタッチングの項を参照
してください。

▶ まごころを込めたアイコンタクト（視線を合わせる）を保つ

あなたの目で触れ合いましょう。その人が車椅子に座っているならば、
直接目を合わせるために、腰や膝を曲げたり、座ったりしましょう。

▶ はっきりとした、低くて温かい、
愛情のこもったボイストーン（口調）にする

ボイストーンがきついと、引きこもりや怒りの原因になります。一方、
高く、弱い、柔らかなトーンだと、聴覚細胞が損傷しているために無視
されます。そこで、お腹から温かいはっきりとした声を出しましょう。
声は愛する人の記憶を呼び起こします。フェーズ2の人には、目を合わせ、
タッチングをしながら話します。フェーズ２の人が応えるには、タッチ
ング、アイコンタクト、声が組み合わされた刺激が必要です。タッチン

グせずに話をしないように。また相手の背中に向かって話さないようにしましょう。姿が見えないので、未知のものへの恐怖を高めるかもしれないからです。

▶感情を観察する

フェーズ2の人は、自由に感情を表現します。言葉が機能しなくなり始めていますから、ワーカーは言葉のレベルというよりは、感情のレベルでやりとりをしなければなりません。身体的特徴を個別に観察していくと、感情を客観的に評価できます。

▶相手の感情に合わせる

あなたの顔、体、呼吸、ボイストーンを相手の感情に合わせます。人生の中で同じように感じた時のことを考えると、その感情を思い出せます。程度の差こそあれ、誰でも経験したことがある生々しい4つの感情があります。

- 愛 / 楽しみ / 喜び / 性
- 怒り / 激怒 / 憎しみ / 不快
- 恐れ / うしろめたさ / 恥 / 不安
- 悲しみ / みじめさ / 嘆き

▶ 相手の気持ちになって、その気持ちを言葉にする

　ある女性がすごい勢いで「お母さんが私を必要としている」と、ドアに向かって歩いています。彼女は、ワーカーから目をそらし、見上げています。苦しそうな深い息をし、下唇はすぼめ、背中を丸め、こぶしを握りしめています。足を引きずってドアに向かっています。

　　＜声かけ例＞　ワーカー：「心配ですね。お母さんはお独りなのですか?」

▶ 曖昧な表現を使う

　「彼」「彼女」「それ」「彼ら」「何か」「誰か」などを使います。相手の人が、標準的に使われるような言葉を使わなくなって、何を言おうとしているのかわからない時は、あなたが理解できなかった言葉の代わりにあいまいな代名詞を使いましょう。あなたは、一言一句言葉の意味を理解する必要はありません。

　　　入居者　　：「フルフルが家に帰ってこなかった」
　　　ワーカー　：「彼に何かあったと思いますか?」

▶ 行動をニーズ（欲求）に結びつける

　その人が今表現している欲求が何なのかを見つけて、それを言葉にします。以下は表現されることの多い欲求です。

- 安心したい /安らぎを確保したい/愛されたい
- 役に立ちたい/働きたい/活動的でいたい
- 感情を表現したい。それを聞いてもらいたい。

　かつて酪農をしていた男性が心配そうに窓の外を見ては、時計を見ています。

　　男性：「家に帰らなければ」。
ワーカー：「牛の乳しぼりをしなければならないのですか？」

　ワーカーは、この男性の役に立ちたいというニーズを認めてあげます。

▶ 音楽を使う

　幼い時に覚え、人生を通して繰り返し歌い、慣れ親しんだ歌は、永遠に記憶に刻み込まれています。バリデーションワーカーが、慣れ親しんだメロディを口ずさむと、フェーズ2の人はすぐに反応します。

フェーズ2にいる人とのバリデーションの例

登場人物 ： ゲートさん（女性）96歳
　　　　　　ゲートさんの娘52歳（バリデーションのトレーニングを受けている）
場　　所 ： 娘の家
時　　間 ： 午前2時

● バリデーションにおけるやりとり

ゲートさん ： （引き出しの洋服を引っ張りながら）ここではない。ノーミソが
　　　　　　　もつれた。この墓には空きがない。

　　　娘 ： （母親の腕を触り、目を見ながら、愛情を込めた低いトーンで）
　　　　　　　ノーミソ？　（キーワードのリフレージング）

ゲートさん ： （自分の頭を指して）私のノーミソがもつれた。お父さんを連れ
　　　　　　　てきて。お父さんを連れてきて。

　　　娘 ： 脳がもつれたってこと？　ノーミソ(頭)が混乱した気持ちなの？
　　　　　　　（行動を欲求に結びつける）

ゲートさん ： そう。そう（ほっとした様子）。
　　　　　　　お父さんだったら私のノーミソを治せるわ。

　　　娘 ： お父さんがいつもノーミソを正しくしてくれた。お父さんが恋
　　　　　　　しくてたまらないのね。（引き出しを指さして）今お父さんを
　　　　　　　捜していたの？（その気持ちを込めて、感情を言葉にする。行
　　　　　　　動を欲求に結びつける）

ゲートさん ： ここにいないの。どこにも。ズボンを置いていったの。

　　　娘 ： それを置いていった（曖昧な表現）？　そして独りぼっち？

ゲートさん ： 独りぼっち。

娘 ： （後頭部を指先で円を描きながらタッチングをし）、お父さんが一
　　　　緒にいてくれた時、独りぼっちではなかった？　今は独りぼっ
　　　　ちなのね（タッチング、その感情を込めて、感情を言葉にする）。
ゲートさん ： （娘に微笑む）
娘 ： （父親がよく歌ってくれた歌を歌う）
ゲートさん ： （歌詞を全部覚えていて、一緒に歌う）

　ゲートさんは、鮮明に夫の姿を思い浮かべながら、愛の感情を娘と分かち
合います。娘の心からの思いやりが、快適な気持ちを引き起こします。今の
ひと時が、50年分の感情の時間になります。

　娘は母親がベッドに戻る介助をしながら、母親と話をします。「お父さん
はまだ生きている」などと決して嘘はつきませんし、「お父さんはもう死ん
だのよ」と事実をつきつけたりもしません。彼女の母親は、自分の父が死ん
だのを忘れる選択をしたのです。寂しさを乗り越えるために、父の姿を蘇ら
せているのです。

　私たちは寝ているときにハエが近くに飛んでくると、無意識にハエを追い
払います。無意識に行動していますが、心のどこかではハエがいることがわ
かっています。同じように、ゲートさんは心の奥底では父親が亡くなったこ
とがわかっています[68]。もし、娘が辛い事実を指摘していたら、ゲートさん
は心の中に引きこもってしまうか、あるいは怒っていたことでしょう。娘は
愛と安心のシンボルとして、「お父さん」の代わりとなっていたのです。

　母親が感情や欲求を表現するたびに、娘は母親にバリデーションを5分か
ら10分するべきです。2人の関係は損なわれることなく、母親は標準的な言
葉を使ってコミュニケーションを続け、自分の中へと引きこもっていくこと
はないでしょう。

---

68 Edward Feil, Mrs. Ward, film (Cleveland, Ohio: Edward Feil Productions, 1980)

フェーズ3にいる人への
テクニック

フェーズ3

まだコミュニケーションはとれていますが、たいていは欲求や感情を自分の
中に秘めています。動作や音で欲求や感情を表現します。

　言語的テクニックは、フェーズ3にいる人が言葉で関わろうとする時
にのみ使います。

▶ センタリングをする（やり方は前述と同じ）

▶「誰が、何を、どこで、いつ、どのように」の質問を使って提案する
　―「なぜ」という質問はしません（前述のとおり）

▶ リフレージング（前述のとおり）

▶ 好みの感覚を使う（前述のとおり）

▶ 極端な状態を聞く（前述のとおり）

▶ もし正反対のことが起こったらどうなるか想像させる（前述のとおり）

▶ アンカード・タッチ

　どこをタッチングするかが重要です。幼い頃の思いのこもった記憶は
脳の回路に永久に刻み込まれています。フェーズ3にいる人が幼い頃愛
する人からタッチングされたようにバリデーションワーカーがタッチン
グすることによって、大切な人間関係にぽっと明かりをともすことがで
きます。40年実践してきて、私は以下のことを見つけました。

- 手のひらを頬の上部にあて軽く円を描くようにすると、「母親に世
  話をしてもらっているような」感情、母親との関係、よく知られて
  いる「哺乳反射」の感情を促します。

- 指先を後頭部において、中程度の圧力をかけながら、円を描くようにすると、「父親に世話をしてもらっているような」気持ち、父親との関係、小さな時頭を撫でられた時の感情を促します。

- 手の外側を使い、小指を耳たぶの下にあて、両手をあごのラインにそって下へ優しくなでていきます。「配偶者・愛する人」、性的関係への感情を刺激します。

- 指をお椀のように丸め、首の後ろにおき、両手で小さな円を描くようにすると、「母親や父親であること」の感情、子どもを触っている感情を促します。

- 手全体を肩と肩甲骨近くの上背に置き、しっかりと圧力をかけ、擦るようにすると、「きょうだいや親友であること」の感情を刺激します。

- ふくらはぎの内側を指先でタッチングすると、馬や牛など動物の世話をしている感情を刺激します。

▶ まごころを込めたアイコンタクトを保つ（前述のとおり）

▶ はっきりとした、低くて温かい、愛情のこもったボイストーン（口調）にする（前述のとおり）

▶ 感情を観察する（前述のとおり）

▶ 相手の感情に合わせる（前述のとおり）

▶ 相手の気持ちになって、その気持ちを言葉にする（前述の通り）

▶ 曖昧な表現を使う（前述の通り）

▶行動をニーズ（欲求）に結びつける

　フェーズ3では、愛の欲求は、もの（紙や布などの柔らかいもの）を折りたたんだり、体を前後に揺らしたり、口をすぼめて舌を鳴らしたりして、表現されることがよくあります。役に立ちたいという欲求は、仕事

に使っていた筋肉を動かすことで表現されます。生々しい感情を表現したい欲求は、叫んだり、どんどんとたたいたり、泣いたりして表現されます。107ページのシンボルのリストを参照してください。これらは高齢者が言葉で表現せず、感情をあらわにした時に非常に重要になります。

▶ 音楽を使う

　言葉を発しない人には、バリデーションワーカーはなじみのある歌、お祈り、幼い時になじんだ詩、童謡などで互いに感じ合い、一体感を得ることができます。

▶ ミラーリング

　動作、息遣い、目の表情、下唇の位置、手、足の動作、声をまねします。これは他人の目を気にしたり、善し悪しの判断をしたりすることなく、またなだめるような態度をとることなく行わなければなりません。これはゲームではありませんし、フェーズ3の人は子どもではありません。あなたは、行動とそのニーズ（欲求）：愛、アイデンティティ、感情表現などを結びつけるために、彼らの行動の背後にある理由を理解しようとしているのです。

（例）ある男性が車いすに座り、拳で手のひらを何度もたたいています。バリデーションワーカーは、正面からその人に近づき、相手の目の高さか、それより低くなるよう体をかがめ、同じリズム、強さで、手のひらを拳で強打し始めます。30 秒後、男性は手のひらをたたくのをやめ、バリデーションワーカーを見ました。バリデーションワーカーも手のひらをたたくのをやめます。目と目が合う沈黙の5秒間の後、ワーカーが言いました。「一生懸命働いていますね」。すると、その男性は「そうだ」と答えたのです。

● バリデーションワーカーの工夫の例

　バリデーションエプロンは、動作や音で欲求を表現する人のためにカナダの施設のイザベル・バードンとエベレット・スミスが作ったものです。高齢者が1日中いそしむことができるさまざまな付属品がマジックテープでとめられているエプロンです。エプロンは、一人ひとりのニーズに合わせて1枚1枚つくられます。たとえば、かつてウェイトレスだった人には、ナプキンがいっぱい入ったポケットつきのエプロン。この人は、ナプキンを折りたたむ作業ができます。元銀行員だった人には、お札を数えられるようにおもちゃのお金でいっぱいのフォルダーつきのもの。元秘書の人には、メモ帳とペンがついたエプロンなどが考えられます[69]。

フェーズ3にいる人へのミラーリング

ただ真似るのではなく、
表情や動作から感情や欲求を感じる

69　バリデーションエプロンの入手先：Vardon and Smith at Northwood Care Inc., 2615 Northwood Terrace, Halifax, Nova Scotia, B3K 3S5 Canada

フェーズ3にいる人とのバリデーションの例

登場人物　：　ミントさん（女性）93歳
　　　　　　　バリデーションのトレーニングを受けた介護スタッフ22歳
場　所　　：　老人ホームのトイレ、ミントさんが心配そうに行ったり来たりしている。
時　間　　：　午後10時

● バリデーションにおけるやりとり

ミントさん　：（涙が頬をつたっている）みいた、みいた。（トイレの下や流し、
　　　　　　　　棚をのぞき込んでいる）

　ワーカー　：（ミントさんの息遣い、ボイストーン、手、足の動きに合わせな
　　　　　　　　がら）いないのですか？　見つからないのですか？（感情を観
　　　　　　　　察し、その感情に合わせる。曖昧な表現を使う。ミラーリング）

ミントさん　：みんないった。みいた（ますます泣く）。

　ワーカー　：（ミントさんの首の後ろをやさしくタッチングして）それがとっ
　　　　　　　　ても恋しいのですね（ワーカーの声は、ミントさんの寂しさと
　　　　　　　　失望を映し出している。アンカード・タッチ、感情を合わせ、
　　　　　　　　その気持ちを込め、その感情を言葉にして伝える、曖昧な表現、
　　　　　　　　感情を欲求に結びつける）。

ミントさん　：（動くのをやめ、悲嘆に暮れワーカーを見る）

　ワーカー　：（10秒目線を合わせ、ミントさんの目の深い悲しみに合わせ、
　　　　　　　　ミントさんの体を抱きかかえるように両手を回し、穏やかに
　　　　　　　　彼女の首の後ろや肩を撫で、歌い始める）「主は我を愛す…」（真
　　　　　　　　心を込めたアイコンタクト、感情を観察し、感情を合わせる、
　　　　　　　　ミラーリング、音楽）

ミントさん　：（ワーカーと歌を最初から最後まで歌う。彼女はしくしくと泣い
　　　　　　　た後、泣くのをやめ、ワーカーに向って微笑み、自分の髪を
　　　　　　　なでる）。なんていい子なの。

　ミントさんは3番目の子どもが肺炎で亡くなった時、泣きませんでした。
娘の話では、母親は感情をめったに出さなかったそうです。晩年、ミントさ
んは亡くなった子どもを想い、泣いて自分の心を癒しています。ミントさん
は、フェーズ3になってはじめて深い悲しみの気持ちを放ち、それを聞いて
くれる人を必要としているのです。

　そこにいる人が泣いていて、それが激しくなっていくのは見ていてつらい
ものです。しかし、泣かせてあげるのはその人を傷つけることにはなりませ
ん。傷つくのは胸の内に気持ちを閉じ込めたままにしておくことです。ワー
カーは、ミントさんの 心が穏やかになるように力添えをしているのです。感
情を表に出し、バリデートされるとつらい気持ちが和らぎます。そして最後
には、ミントさんにとってワーカーは子どもの代わりとなっていったのです。

フェーズ4にいる人に
温かいアイコンタクトとともに寄り添う

お母さんタッチングは頬を手で包み込むように

フェーズ4にいる人への
テクニック

フェーズ 4

周りの人が知覚できるほどの表現や会話はなく、コミュニケーションがほとんどとれなくなります。欲求や感情ほぼ完全に自分の中にとじこめています。

▶ センタリングをする（前述のとおり）

▶ アンカード・タッチ（前述のとおり）

▶ アイコンタクト（前述のとおり）
　試みてもよいですが、とても難しいです。目が合えば成功です。

▶ はっきりしした、低くて温かい、愛情のこもったボイストーン（口調）にする（前述のとおり）

▶ 曖昧な表現を使う（前述のとおり）

▶ 行動をニーズ（欲求）に結びつける（前述のとおり）

▶ 音楽を使う（前述のとおり）

　自分の世界の中に深く引きこもっている人の場合、その人の社会歴を知っておくことがとても大切です。それ以外には手掛かりとなるものがないからです。その人は感情を出してくれません。その人の中で何が起こっているのか、外から見ることのできる手がかりが何もないのです。しかし、私たちは彼らの中に何かが起こっていると信じています。ほとんどコミュニケーションをとらないフェーズ 4 にいる人にバリデーションをするときにワーカーが目指すことは、以下の通りです。

● アイコンタクトがとれる。

● その人の顔に動きがある。

● 何らかの感情的な反応がある。たとえば、歌を歌う、微笑む、泣く。

● 手や足など何らかの形で体が動く。

フェーズ4にいる人とのバリデーションの例

登場人物 ： サイモンさん（男性）88歳
　　　　　　理学療法士（女性）32歳
場　　所 ： サイモンさんの部屋、サイモンさんは栄養チューブを挿管し、
　　　　　　ベッドに寝ている。
時　　間 ： 午前10時30分

　サイモンさんは、目を閉じてベッドに横たわっています。呼吸はゆっくりで苦しそうです。体はじっとしたまま。時折、目がぴくぴく動く程度です。ワーカーは、サイモンさんが牧場の経営者だったということを知っ

フェーズ4にいる人に優しく触れながら歌う

ていたので、やさしくサイモンさんのふくらはぎの筋肉をなでて、牧場の歌を歌います。サイモンさんのまぶたがピクピクと動きましたが、目は開きません。口角がわずかに上がります。ワーカーはもう1分歌い、それから去ります。

　彼女は3時間後に戻ってきて、なでる、歌う、を繰り返します。サイモンさんが目を開けます。ワーカーはアイコンタクトができるようかがみ、サイモンさんに歌っているのが見えるよう近づきます。今度は彼の頬を手のひらでやさしく触りながら、歌を続けます。歌の間、サイモンさんはずっと目を開けています。彼女が歌をやめると目を閉じます。ワーカーが出てゆきます。

　その人が生きている限り、このような1対1のバリデーションを、毎回1分、1日に6回行うべきです。バリデーションをするチームを組んで行うのが一番よいでしょう。

よく起こしてしまう過ちと高齢者の反応

　ここは、あなたがしまった、失敗した、と思った時も、大丈夫、修正できるということを知ってもらうための項です。高齢者には知恵があることを思い出してください。高齢者は、あなたの失敗を許してくれるでしょう。

失敗 ▼ フェーズ1にいる人なのにフェーズ2だと勘違いし、感情的な問題について話し始めてしまった。

反応 ▼ 「あなた他にやることないの?」。怒って、あなたとその話題を押しのける。

修正 「誰、何、どこ、いつ、どのように」の質問をします。たとえば、「私は何をしたらいいと思われますか?」。こうすると話題が変わり、2人の関係が救われます。

失敗 ▼ 触られるのがいやな人にタッチングをしてしまった。

反応 ▼ あなたが触ると、思わず後ずさりする。

修正 親密さを恐れている人かもしれないということを理解してください。極端な表現を使って、たとえば「おせっかいな人の一番いやなことは何ですか?」と言う、あるいは、その行動を言葉にしてみましょう。「あなたは自立されているのですね」。

失敗 ▸ 触ってほしい人にタッチングをしない。

反応 ▸ 言葉で探索しても反応がない。

修正 「フェーズ2やフェーズ3の人には、その人に合ったタッチングをします。すでにタッチングをしている場合は、異なる場所にタッチングをしてみましょう。血行が悪いために、あなたのタッチングを感じていないのかもしれません。

失敗 ▸ 小さな子どものような声、あるいは厳しいボイストーンで話す。

反応 ▸ 反応しない、あるいは拒絶する。

修正 あなたが愛する人のことを思い浮かべてください。そうすれば、温かく安心感を与える大人の声になるでしょう。あなたの声が相手に聞こえるか確認してください。

失敗 ▸ あなたがその人の視界の外にいる。

反応 ▸ 反応しない。あるいは、繰り返しの動作（どんどんたたく、同じ調子で歩く、泣き叫ぶなど）を続ける。

修正 その人はあなたが見えていないことに気づいてください。その人にもっと近づき、真正面に行きましょう。高齢者は周辺視野がないことが多いのです。

失敗
▼
あなたの体の動きと話が合っていない。建物から出ていこうとする人に、あなたは「お母さんに会いにいかなければならないのですか?」と言いながらも、指でその人の腕を抑えている。

反応
▼
その人はやはり出ていこうとする。あるいはあなたを振り払う。

修正
その人が出ていかないよう抑えたい、というあなたの欲求に気づきましょう。自分の欲求はしまっておき、その人の欲求に注意を向けます。その人の歩き方をミラーリングし、呼吸のリズムをとらえ、目を見て、あなたが見たその人の気持ちを声に出して言います。

....

失敗
▼
怒りや深い悲しみを表現している人に、「怒って（悲しんで）いらっしゃるようですね。それについてお話ししましょう」という。

反応
▼
あなたを無視する。

修正
セラピストのような問いかけはやめましょう。その人は分析されたくありません。ミラーリングをし、その人の感情に合わせます。あなたの感情をもっと使いましょう。話ができない人ならば、その人の感情をこめて歌を歌い、感情を言葉にします。

....

失敗
▼
その人の好みの感覚に合わない言葉を使う。女性高齢者が、「あの男の人が一晩中うるさい」と言っているのに、あなたが「彼はどんな姿の人なのですか?」と聞く。

反応
▼
「わからない。彼の姿は見えなかったから」。あなたの質問は、その人には答えるのが難しいのです。

修正
「どんなにうるさいのですか?　それはどんな音ですか?　バンバンという音ですか?」のように聞きます。

失敗 ▼ その人をなだめようとしたり、うそをついたりする。「お母さんを見にいかなければ。ひどい病気なの」という女性高齢者に、あなたは「お医者さんがついていますよ。お薬をあげていますから、大丈夫ですよ」と答える。

反応 ▼ 「いや、いや、いや。今、すぐに見てあげなければならないの。私が必要なの」

修正 感情をミラーリングし、その人が言ったことを、その人の好みの感覚を使ってリフレージングします。「お母さんが心配なのですね。お顔が青白いですか?」。

....

失敗 ▼ 善意のうそをつく。「私のベッドの下に男がいる」という女性高齢者に、あなたは「彼はハンサムじゃないですか」と言う。

反応 ▼ 引きこもる。意識下の心の奥底では、その女性はベッドの下には男はいないこと、あなたがなだめようとしていることがわかっている。

修正 「彼はどんな容貌ですか?」と言い、バリデーションのほかの言語テクニックに入っていきます。

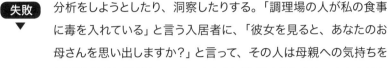

失敗　▼
分析をしようとしたり、洞察したりする。「調理場の人が私の食事に毒を入れている」と言う入居者に、「彼女を見ると、あなたのお母さんを思い出しますか?」と言って、その人は母親への気持ちを料理担当者に投影していることを気づかせようとする。あなたはこの情報を娘から得た。

反応　▼
「私のお母さんは料理がとても上手だった！　あなたもお母さんの料理を味わえたらよかったんだけど」

修正
別の言語テクニックを使いましょう。たとえば、「食事の味はどうですか?　最悪な食事は何ですか?　朝食ですか、昼食?」

失敗　▼
あなたはまた来ると言ったのに、そうしなかった。

反応　▼
入居者は他の介護職に「彼女は信頼できないわ。3時30分に来ると言ったのに、3時50分になっても来ないわ」

修正
戻ったときに、「遅刻なんてとんでもないですね。遅れて申し訳ありません」「私が来ないので、何が起こったと思われましたか?」「前にもそのようなことが起きたことはありますか?」のように、共感をして、誠実に謝り、さらに深くコミュニケーションをしていく。

失敗
▼

隠されていたひどいことを自分が暴くことにならないか怖くて、探索もタッチングもしない。その人が泣いていると、あなたは「大丈夫ですよ。全部うまくいきますから」と言う。

反応
▼

その人は泣き続けるか、あなたには全く反応しない、あるいはあなたを喜ばせようと、感情を出さなくなる。

修正

「泣いていらっしゃいます（ました）ね。それはとってもひどいのですか？」と言います。共感的態度で、高齢者に質問したり、タッチングする場合、それが相手を傷つけることにはなりません。また、高齢者は自分を守る知識を持っていることを、ワーカーは信じます。

失敗
▼

天井からぽたぽたとしずくが落ちてきて、ベッドが濡れると言っていたフェーズ1の人に、あなたは長年関わってきました。その行動が止まったので、あなたは訪問するのをやめました。1年後、娘が5000km離れたところに引っ越しをしてから、その女性は天井が漏れると不満をもらすようになりました。

反応
▼

失敗は、あなたが彼女を訪問するのをやめたことです。バリデーションを必要としてなくても、あなたとの関係を必要としていました。娘が去ったことがきっかけで、自分がコントロールできなくなった、すなわち失禁するようになった過去の思い出がよみがえりました。子どもを失う今の恐怖は、失禁するようになった恐怖と同じものです。事実は違うものですが、恐怖心は同じです。

修正

戻ってバリデーションを再開しましょう。天井からぽたぽた漏れるという話をしなくなっても、今度は訪問をやめないでくださいね。

第4部

グループ
バリデーション

グループバリデーションとは

　グループバリデーションとは、バリデーションワーカーがリーダーとなり、主にフェーズ2からフェーズ3の高齢者を対象として、4名から8名くらいのグループをつくり、そこで、それらのメンバーの相互的交流を促す活動のことです。個人バリデーションと比べて、グループワークの効果が期待されます。

グループバリデーションのゴール（目標）

　グループメンバー（グループバリデーションに参加する高齢者）に対して次のことに働きかけ・促進すること

- エネルギー
- アイデンティティ（その人らしさ）
- 話したり聞いたりすること
- ウェルビーイングと喜び
- 社会的役割
- お互いの交流
- 社会の中で守るべき行動

グループバリデーションがもたらすこと

- グループメンバーの不安が減る。
- フェーズ4に進んでいくことを防ぐ。
- 精神安定剤やそのほかの拘束を減らす。
- スタッフや家族が疲れ果てることを減らす。

グループリーダー
（グループバリデーションを実施する介護者）が行うこと

- プライバシーを保てる物理的に安全な場所を提供する。
- お互いを傷つけることのない心理的に安全な場を提供する。
- グループメンバー間の交流を促す。
- 短い単語や文章を使って、問題に対する2つの選択肢を提供する。
- グループミーティング（セッション）では、毎回決まった形式（始まり、中間、終わり）を確立する。
- 各グループメンバーに、慣れ親しんだ社会的役割を割り当てる。尊厳を回復するような役割、不安にならない役割にする。
- 毎回のセッションの経過を評価する。
- スタッフからの支援や各グループミーティングに必要な道具の調整をする。

7つのステップ

　グループワークの基本原則は、グループの参加者にとってお互いを信頼できる安全な環境を提供し、次のことができるように援助することです[70]。

- 感情を表現する。
- 言語、非言語的に交流する。
- 共通の問題を解決する。
- 社会的役割を果たす。
- コントロールすることを学ぶ。
- 自尊心を得る。

　グループバリデーションは、ほかの人と一緒に話すことが好きで、お互いを受け入れることができる人に向いています。フェーズ2やフェーズ3の人は、1対1で話をするときはエネルギーが小さくて、注意力がなかなか続かないのですが、グループバリデーションでは、お互いの顔を見て、近くに座り、ダンスをしたり手を握ったりして触れ合ううちに、エネルギーが広がり高まっていきます。

　そして、グループバリデーションを通して、家族や社会の中で果たしていた役割や社会生活の中で守るべきことを思い出します。さらに、グループバリデーションの中でグループリーダーがメンバーを温かく思いやる様子をお手本にして、ほかの人のことを気遣うようになります。グループバリデーションの中で、共通の問題について話し合い、それぞれが抱えている葛藤を

70 R Bandler, J. Grinder, Frogs into Princes, Real People Press, Salt Lake Qty, Utah, 1979

お互いに解決します。すると、参加者は自分の人生をよりコントロールできるように感じ、自尊心を回復します。お互いをバリデートするのです。

　一方、フェーズ1の人は、グループバリデーションではグループリーダーのアシスタントとして参加してもらうことはできますが、感情や近時記憶の衰えに向き合うことに抵抗があるため、グループバリデーションには向きません。愚痴を言ったり、批判をしたり、自分の失敗をほかのグループメンバーのせいにしたりすることがあるので、バリデーションワーカーがその人の行動を制限せざるを得なくなってしまうかもしれません。

　フェーズ1にいる人は、1対1のよい人間関係が築けた後であれば、グループ活動に参加してもよいでしょう。フェーズ1の人に適したグループは、今日が何月何日何曜日かをすぐに思い出すことを強く求めないようにします。現実を重視したグループですが、施設運営について提言する入居者協議会、パンやケーキづくり、料理、フラワーアレンジメントなど、作業中心のグループ、感情に深く立ち入らないレミニシングのグループ（レミニシングやリアリティ・オリエンテーションのグループについては198ページ以降を参照）などが適しているでしょう。

ステップ 1

情報を集めよう

　個人バリデーションのときのように、「解決」期のどのフェーズの人なのか
を評価します。グループメンバー候補者の身体・心理的な特徴を観察し、過
去を探索する質問をします。その人のことをよく知りましょう。221ページ
の「グループバリデーションのメンバー選定」や218ページの「経歴と行動デー
タ」の様式を使います。グループの成功は、一人ひとりのメンバーをあなた
がどのくらい知っているかに大きくかかっています。

ステップ 2

メンバーを集めよう

　メンバーを選ぶにあたっては、一人ひとりについて次のことを知っておき
ましょう。

- どのような社会的役割を担うのがふさわしいでしょうか？　宣教師をし
  ていた人ならばお祈りのリーダー、主婦だった人は接待係、教会の聖歌
  隊で歌っていた人であれば歌のリーダーなどを務めることができるかも
  しれません。

- その人に対するあなたの目標は何ですか？　具体的に考えてみましょう。
  たとえば、泣くことが少なくなる、足取りが改善する、人と目を合わせ
  るようになる、以前より言葉を発するようになる、など。

- その人は、ほとんどの時間、どのフェーズにいますか？

- その人は、どのようなトピックや未解決の問題に興味があるでしょうか？
  子どもの死について口にしてこなかった深い悲しみ？　不幸な結婚？
  配偶者を亡くしたこと？

- どんな音楽に反応するでしょうか？　教会の聖歌隊や商店街のバンドなど、音楽活動を活発に行っていたでしょうか？
- 運動能力はどの程度でしょうか？　体を支えられるでしょうか？　病歴を知っておきましょう。
- ほかのメンバーとはどんな関係をもてるでしょうか？　どこに座ってもらいますか？　たとえば、夫を恋しがっている女性は、妻を恋しがっている男性の隣に座り、早発性アルツハイマー型認知症の人は、面倒見のよい人の横に座るとよいでしょう。

　221ページの「グループバリデーションのメンバー選定」の質問表を活用しましょう。

　グループリーダーがグループバリデーションの経験がない場合には、最初は少人数のグループで始めるとよいでしょう。その場合、フェーズ2、フェーズ3の人を合わせて4人程度にします。そして経験を積んで、グループバリデーションを楽にできるようになれば、フェーズ2、フェーズ3の人を合わせて8名くらいまでで行います。

　メンバーの中には以下のような人が入るとよいでしょう。

グループバリデーションに入るメンバー

- リーダーシップがあり、言葉で伝えることができる人（たとえば、ボランティアグループの代表、町内会のお世話役だった人、実業家など）1名
- 賢さ、母性をもち、言葉でコミュニケーションができる人
- おしゃべりが好きなフェーズ2の人3〜4人。早発性アルツハイマー型認知症の人も、行動が予測でき、ほかの人に突然なぐりかかるようなことがなければ、入ってもらってもよいです。

- フェーズ3の人は2人以下にします。フェーズ3の人を入れる場合は、グループリーダーのタッチングにすぐ反応する人を選びましょう。常に繰り返しの動作をするような人だとミーティングが機能せず、グループ全体に不安が生じてしまうかもしれません。
- フェーズ1にいる人は、グループリーダーのアシスタントとして音楽を担当し、たとえばBGMの時間にバイオリンを弾いてもらうこともできます。しかし、見当識障害によるほかのメンバーの行動におびえない人でなければなりません。

以下のような人は、グループバリデーションには適しません。

グループバリデーションに適さない人

- 座ろうとしない、またはグループバリデーションの中で大きな音の繰り返し動作をやめることができないフェーズ3の人
- 重度の若年性アルツハイマー病で、その行動が予測できない人（若年性アルツハイマー型認知症については、68ページを参照）
- 見当識が保たれている人、あるいはフェーズ1の人。彼らの中には、認知症のメンバーの行動を怖がったり、メンバーの言動に対して怒ったりして、ミーティングを妨げてしまう人がいるかもしれないからです。
- 失語症の高齢者で、今の現実への見当識が保たれている人
- 精神疾患のある高齢者
- 知的障害や発達障害のある高齢者で、今の現実への見当識が保たれている人
- 加齢とは関係のない慢性疾患のある高齢者

各メンバーの役割を決めよう

　役割は、グループバリデーションのミーティングの構成においてなくては
ならないものです。役割があると、メンバーは積極的に参加します。挨拶係
はミーティングの開会、閉会をし、接待係は軽食を出し、歌のリーダーはグ
ループの歌の音頭をとります。グループメンバーは、役割を通して自分がグ
ループの役に立っている、必要な存在だと感じることができます。また役割
が刺激となって、かつての行動パターンを思い出し、自尊心が高まります。

　グループリーダーは、一人ひとりの背景に合った役割を割り当てます。不
安の原因となるような役割は続けてはなりません。たとえば、かつて秘書だっ
た人は、失敗を恐れて、グループミーティングの議事録を取る係をやりたく
ないかもしれません。歌うほうが楽しめるのであれば、歌のリーダーがよい
かもしれません。割り当てた役割が合わなかった場合は修正できますし、そ
の人のニーズが変わるのに応じて変更もできます。

　グループバリデーションでの役割は、その人が自発的にしていることを割
り当てるのが一番です。たとえば、鼻歌をいつも歌っている人は、歌のリー
ダー。誰にでも「黙れ」と怒っている人は、ほかのメンバーを制する開会・
閉会の議長。ティッシュをいつもねじっている人は、ナプキンを配る係など。
ワーカーはそれぞれの人に合った役割かを注意深く観察をし、役割を遂行で
きるよう援助します。

　役割はそのたびに変えないようにします。毎回同じ役割をするという安心
感が必要だからです。安心感があってこそ、尊厳が生まれます。

- 議長または挨拶係（開会と閉会を告げる係）
- 歌のリーダー、リズムのリーダー、バンドのリーダー
- 詩を読む係
- いすを整える係、花を生ける係
- 秘書
- 心のリーダー。フェーズ3の人が泣いたりどんどんたたいたりなどするとき、サポートしてくれる母親的存在。心のリーダーは話し合い（ディスカッション）の中で、あらゆる問題を解決してくれます。
- 接待係、おやつ（リフレッシュメント）を配る手伝い

ステップ4

すべての部署のスタッフに関わってもらおう

　バリデーショングループをつくるには、管理者や同僚のサポートが必要です。個人バリデーションは自力でできますが、グループはそうはいきません。次のような協力をしてくれるスタッフが必要です。

- グループメンバーを会場に連れて行く。
- 毎週の定期ミーティングのために、ほかの人に邪魔されることのないような時間、場所を確保する。
- おやつ（リフレッシュメント）や道具を用意する。
- グループメンバーに準備をさせる。たとえば、事前にトイレを済ませておく、ミーティングの前、途中に鎮静剤を与えない、など。
- 各メンバーの経過を評価する。

- 新しいメンバーを提案する。
- 話し合い（ディスカッション）のトピックを提案する。
- よい雰囲気を保つ。たとえば、グループメンバーがミーティングの途中で連れ出されないようにする。

スタッフによる支援の例

- 清掃担当者が、「GさんとSさんはけんかをするので、同じグループに入れないほうがいいですよ」とアドバイスしてくれる。
- 美容師が、「ミーティングは、火曜日を避けたほうがいいと思います。整髪してあげられるのは、火曜日だけなんです」と教えてくれる。
- 栄養士「糖尿病なのでアイスクリームではなくて、○○にしてください」。
- 看護師長「Pさんを入れたらどうですか？　面倒見のいい方です」。
- ソーシャルワーカー「新しく入居された方でぴったりの人がいます。彼はフェーズ2の人です」。
- 介護スタッフ「ケインさんは、グループバリデーションミーティングの後は、お風呂に入れても私をたたかないのですよ」。

　施設の関係部門のスタッフと毎週会議をしましょう。また入居者の家族や施設でボランティアをしている人に、バリデーションのことを伝えましょう。たとえば、親が人形を抱いているのを見ると、家族が反対する場合があります。そのような場合、バリデーションの原則と目標を説明し、彼らの親はもうろくしているのではなく、母や父としての役割を取り戻そうとしていることを説明する必要があります。

音楽、話、運動、
おやつ（リフレッシュメント）を取り入れよう

　グループバリデーションの活動には、音楽、話、運動、おやつ（リフレッシュメント）が含まれています。それぞれの活動に費やす時間配分は、その日のグループのムード、グループメンバーの言語能力によって変えます。毎回ミーティングは違ったものになりますが、必ず決まった順番、つまり儀式の形で行います。そうすると、グループメンバーは安心できますし、グループリーダーも、特にグループを始めたばかりのときは安心です。決まった形式で行うと、グループにリズムが生まれます。メンバーはミーティングを楽しみにするようになります。そして、ミーティングでは、会話や音楽や体を動かすことによって自己表現します。それから、次回のミーティングへの期待に胸をふくらませてミーティングを終了します。

● 音楽

　フェーズ2、3にいる人は、ミーティングの間ずっと話すことはできません。歌は相互の交流や血流を促し、不安を減らし、思考能力を高め、ウェルビーイングと幸福感を生みます。グループミーティングは、毎回歌で始め、歌で終わります。できれば話し合いのトピックに関連する歌を選びましょう。たとえば、配偶者に会えなくなったことについて話し合う場合は、愛の歌などを歌います。また、あなたのグループの人の文化的・宗教的背景を考慮して選曲しましょう。若いワーカーの背景ではなく、グループメンバーに合った教会の歌、民謡、ロマンチックソングなどを考えましょう。今人気のある音楽では、グループメンバーは夢中になりません（訳注：たとえば、日

本の場合であれば、昔はやった歌「りんごの唄」や子どもが幼い頃に一緒に歌った歌「七つの子」、愛の歌やふるさとを懐かしく思うような歌「ふるさと」、活気や元気がでる行進曲「365歩のマーチ」などがよいでしょう）。

　グループメンバーは、太鼓、タンバリン、ドラムスティック、フィンガーシンバルなどのリズム楽器を使って、歌に合わせて伴奏してもよいでしょう。リズムバンドをつくれば、新しい役割ができますし、グループメンバーがスタッフやほかの入居者に演奏をすれば、交流も深まります。ミーティングは、歌を歌って陽気な気分で終わります。常に必ず明るい前向きな気持ちでミーティングを終えましょう。

● 話す

　必ず話し合い（ディスカッション）のトピックを準備しておきます。フェーズ2、3の人は、愛、所属、別れへの恐怖、怒り、意味を求めての葛藤、アイデンティティなど、普遍的感情が沸き上がるトピックに最もよく反応します。

推奨されるトピック（話題）

- 親が恋しい、家が恋しい、仕事が恋しい
- 配偶者、セックス、親密な愛が恋しい
- 独りになることへの恐れ
- すべてを失うことへの恐れ

- 退屈、アイデンティティの喪失（自分らしさを失うこと）
- 役割の喪失感、所属欲求
- 生きがいを見つけるための奮闘
- 役に立たなくなったことへの怒り
- 親、子ども、権力者に拒絶された怒り
- 何が人を怒らせるのか、悲しませるのか、幸せにするのか
- 「変な」人との付き合い方
- 人生の中で自分がおかしくなったのではないかと思った経験
- 後期高齢者になると何が起こるのか

- 互いへの愛　　　　・　子どもの頃のいたずら
- 罰　　　　　　　　・　兄弟間の問題
- 友情　　　　　　　・　どうしたら幸せになれるか
- 死への準備　　　　・　お互いを助け合う方法

● 体を動かすアクティビティの時間

- 大きな柔らかいボールを軽く投げ、ボールを受け取る人の名前を呼びます。メンバーが一人ひとりの名前を覚えていることは期待しません。よく知っている音楽に合わせて歌いながらボールを投げるもよいでしょう。

- 伸縮性のあるリボンをみんなで持ち、音楽に合わせて動かします。グループリーダーは、グループメンバーにお互いの動きを追いかけるよう促します。たとえば、「Ｓさんはリボンを耳の上で動かしています。Ｓさん、あなたは何を思い出しましたか？」「私は洗濯物を干しているの」「みなさん、Ｓさんのように動かしてみましょう」。

- パートナーと組んでダンス、体を揺らす、車いすダンス、簡単なスクエアダンス、「ホーキー・ポーキー（訳注：リズムに合わせて体を動かす遊

び唄)」などのサークルダンスなどを試してみましょう。楽しくて、エネルギーが高まり、幸せな気持ち、親密感が増します。車いすの人も、多くの場合、立ち上がって音楽に合わせて体を揺らすことができます。

- 音楽に合わせてスカーフを動かす。
- お手玉を投げる。
- 図画工作をする。たとえば、大きなクレヨンで絵を描く。生地をこねたり焼いたりなど。このような活動は、高齢者が気持ちを表現しやすくなり、自尊心が高まるきっかけとなります。

● おやつ（リフレッシュメント）と飲み物

　おやつ（リフレッシュメント）は、大人の行動や社会における役割を引き出します。親睦の雰囲気の中で、フェーズ3の人は自分で食べようという気持ちになり、バリデーショングループ以外でもこのような行動が続くこともあります。食べ物を手渡すのはメンバー自身なので、こぼれないような食べ物を選びましょう。食べやすいクッキー、軽い皿、もちやすいコップを選びます。こぼして接待係が恥ずかしい思いをしないように、グラスに半分ほど飲み物を入れます。何を出すかは、その土地の文化によります。アメリカではジュースとクッキーが定番です。

ミーティングの準備をしよう

ミーティングの前には、毎回次の準備をします。

- 進行内容を決めます。歌と音楽を選びます。話し合いのトピック、詩、ダンス、おやつ（リフレッシュメント）を決めます。

- 必要な物品や会議室の準備をします。椅子は、小さな円になるようにつめて並べます。大きな円では、お互いを見たり、聞いたりすることができません。近ければエネルギーが高まります。介護スタッフのために座席表をつくります。席順は、隣になると嬉しい人を隣同士にします。耳の聞こえない人や、タッチングなど常にサポートが必要な人がいれば、その隣にグループリーダーやコリーダーが座るようにします。グループリーダーは、言葉を話せる人やグループの議長の反対側に座り、両隣に座っている人がグループのエネルギーの流れに入れるようにします。

- テーブルは使わないでください。テーブルがあるとエネルギーが広がっていきません。お互いを見たり、聞いたり、触ったりする妨げになります。テーブルがエネルギーをばらばらに分割してしまいます。テーブルを使うのは、絵を書いたり、工芸をしたりするときだけにしましょう。

- グループリーダーは、ミーティングの前にグループメンバー一人ひとりに会って、ミーティングがあることを思い出してもらいます。そのときに、話し合いのトピックのヒントを得ます。たとえば、同室の人が自分の椅子に座っていて、ある人が怒っている場合は、この怒りをミーティングで吐き出して解決します。

- ミーティングの進行に影響を与えるような、ふだんと変わったことがなかったか、介護スタッフに会って確認します。

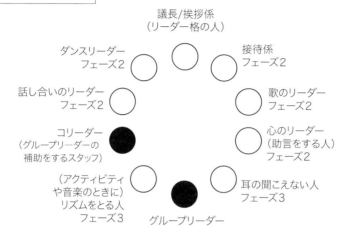

グループ内の
席の配置例

議長/挨拶係
(リーダー格の人)

ダンスリーダー
フェーズ2

接待係
フェーズ2

話し合いのリーダー
フェーズ2

歌のリーダー
フェーズ2

コリーダー
(グループリーダーの
補助をするスタッフ)

心のリーダー
(助言をする人)
フェーズ2

(アクティビティ
や音楽のときに)
リズムをとる人
フェーズ3

耳の聞こえない人
フェーズ3

グループリーダー

- トピックを計画する際、特定のグループメンバーに関連づけ、グループ
  で解決できる具体的な問題を話題にします。

　たとえば、「ジョーンズさんは、お母さんが恋しくて泣いておられます。
どうしたら、ジョーンズさんの力になれるでしょうか、スミスさん？」と、
面倒見がよくて話すことができる人に聞いてみましょう。グループメンバー
は問題を抱えている人を元気づけようとしてくれるでしょう。グループリー
ダーは、問題が何なのかはっきり簡潔に伝え、グループメンバーに問題解決
を助けてほしいと投げかけます。グループメンバーの交流には悩みが極めて
重要です。

　グループリーダーは、この2人の女性がお互いを理解し合うのを助け、グループメンバーはアドバイスをします。問題を解決することは、コントロールする感覚と自尊心につながります。

- グループリーダーが緊張していると、認知症高齢者に注意を向けられません。集中するにはリラックスしていなければなりません。ミーティングの前も、ミーティング中もリラックスしてください。

リラックスするために行うこと

- あなたの重心である「センター」、ウエストラインから約5cm下に意識を集中します。
- ゆっくりと鼻から息を吸い、口から吐き出します。呼吸であなたの体を洗いましょう。
- 頭の中の考え事をやめて、あなたの呼吸に意識を向けましょう。あなたの「センター」に集中しましょう。
- 呼吸をしながら「センター」に集中し、8つ数えましょう。

ミーティングをしよう

　グループミーティングは、少なくとも週1回、同じ時間、同じ場所で行います。ミーティング時間は、グループのエネルギーに応じて、20分～1時間ぐらいとします。各ミーティングは毎回創造的なものです。

　グループミーティングには「グループの誕生」「生き生きとした時間」「クロージング」「次回ミーティングの準備」という流れがあります。

グループの誕生 …エネルギーを生み出します

- グループリーダーは、車座の一人ひとりのメンバーに挨拶して回ります。大人の行動を引き出すため、また敬意を表するために名字で呼びます（約5～7分）。
- 輪の中を移動しながら一人ひとりに挨拶をするときに、グループの中で担う社会的役割を思い出させるように語りかけます。
- 全員がメンバーの名前を聞き取れるように、思いやりを込めた力強く明確な低いよく響くボイストーンで話します。
- 一人ひとりにタッチングし、メンバーのボディランゲージを読み取ります。
- 目と目が合うよう、かがみます。
- 一人ひとりにしっかり近づきます。見当識障害が進んだ人にはしっかり近づく必要があります。
- 輪を回りながら、一人ひとりの言葉に耳を澄ませてください。なかなかグループリーダーを解放してくれない人には、ほかの人に挨拶した後でまた戻ってきますからと約束します。
- 席順はとても大切です。全員がいつもの席に座るようにします。

- 議長／挨拶係に起立してもらい（格式をもたせ）、挨拶をしてもらいます。議長／挨拶係が立ち上がるのを助けるために、グループリーダーは座るか、ひざまずきます。
- 歌のリーダーに開会の歌を始めてもらいます。さらに歌を歌ったり、詩を朗読したり、お祈りをしてもよいでしょう。エネルギーと親近感を生み出します。

生き生きとした時間…グループで言語的な交流、問題解決を行います

- 話し合いのテーマ（ディスカッショントピック）、あるいは悩み、解決したいこと、困っていることなどを紹介します（約5〜7分）。選択肢を出して、グループメンバーに選んでもらいます。たとえば、「お母さんについて話をしますか、それともお父さんにしますか？」のように提示します。「何について話しましょうか？」とは尋ねないでください。見当識障害が進んだ人はオープンクエスチョン（開かれた質問）には答えることが難しいでしょう。
- グループメンバーに「○○をしなさい」と指示しないようにします。そうではなく、問題を提示して、グループが解決するようにします。グループは賢明であることを信じましょう！心のリーダーに問題を解決するよう頼んでみましょう。心のリーダーは、ほかのメンバーをサポートし、彼らの行動の理由をあげ、グループを歓迎し、別れを告げ、グループに対する感情を表現し、気づかいを示してくれます。心のリーダーは、英知を共有してくれる器があり、賢明で、ほかの人を育むような高齢者になってもらいます。
- グループが問題を解決したら、やりとりをまとめます。「ホワイトさん、あなたはスミスさんが泣いたときすごく助けてくれました。スミスさんの肩をそっと抱いてくれましたね」。「ジョーンズさん、あなたの歌がな

かったら、会合は始まらなかったでしょう」。

- 非言語的にエネルギーを高めるような運動や活動をしましょう。立てる人ならば、立ってもらいましょう。車いすの人は、コリーダーと一緒に踊るのもよいでしょう。体を動かすと、言語能力が促されることもあります。この時間に、図画工作、たとえばフィンガーペインティング、小麦粉の生地を練る、絵を描く、粘土を扱うような活動をしてもよいでしょう（約5〜10分）。

- 接待係がおやつ（リフレッシュメント）、たとえばコーヒーとクッキーを配ります（10分）。フェーズ2とフェーズ3の人は、パーティ気分で、のびのびと交流するでしょう。社会的行動が促されます。

クロージング… 明るい気分、「私たち」という一体感をつくります。

グループで怒りや悲しみの感情について話し合った後でも、必ず明るい雰囲気でミーティングを終わります。

- 閉会式をします（約5分）。歌のリーダーが終わりの歌の音頭をとります。挨拶係あるいは議長がミーティングを終了します。

- グループリーダーは、メンバー一人ひとりにお別れの言葉と、次回ミーティングで会うのを楽しみにしていることを伝えます。

- ここでスタッフが、メンバーが各フロアに戻る手伝いをします。デイルームやダイニングルームなど、何らかの活動が行われている社会的環境にメンバーを移動させることが大切です。それは、ミーティング後にメンバーが孤立した状態におかれると、大きな喪失感になり、叫び始めたり、そのほかの不適応行動・社交的なふるまいでない行動を始めたりすることがあるからです。暖かい社交の場の一員であったのに、その後に見捨てられた気持ちになってしまうのです。

次回ミーティングの準備

- 各ミーティングの後、223 ページのグループバリデーションサマリーと225 ページのグループバリデーション経過評価表に記入します。グループの経過を把握するのはあなたにとっても、またほかのスタッフにとっても重要です。この情報は、スタッフミーティングや入居者のご家族とも共有しましょう。
- 次のグループミーティングまでの間に、個人バリデーションやフロアでの非公式のグループバリデーションを続けましょう。入居者について具体的な指示があれば、すべてのシフトの介護スタッフが助かるでしょう。たとえば、

氏名：	サディ・フォード
対応：	看護助手の援助で1日3回ナプキンをたたむ。
氏名：	フェルド夫人、トマス夫人、フィールド夫人
対応：	歌の好きな看護助手の援助で小さな輪になって「ディジー・ディジー」と「ユーアー・マイサンシャイン」を1日2回歌う。

グループバリデーションで
困難な状況が発生したときの対処法

　メンバーが怒鳴ったり、どんどんたたいたり、泣いたり、そのほかミーティングの妨げとなるような行動をとった場合、儀式を中断し、グループに問題解決を頼みましょう。

グループリーダー：Aさん（男性）がどんどんたたくので、お互いの声が聞こえません（心のリーダーのS夫人の方を向いて）。
　　　　　　　　　Aさんは、Aさんの子どもに腹を立てているのだと思いますか？
　　　　S夫人：そう、そのとおりよ。それで気分を損ねているのです。
グループリーダー：Aさんに聞いてくれますか？
　　　　　　　　　(S夫人が近づいていくと、Aさんはどんどんするのをやめました。グループは彼が怒りを放つのを助けます。「ザ・モア・ウィ・ゲット・トゥゲザー」を歌ってミーティングを終わります)

　問題を解決することによって、グループが団結し、一体感が生まれます。Aさんがどんどんするのをやめられなければ、グループとして、スタッフに彼を部屋に連れて帰るようお願いすることもできます。グループはライフ（いのち・生活）を続けなければなりません。各ミーティングでは、グループが解決できる問題を提示します。

グループバリデーションの例

グループリーダーが、車座の一人ひとりに挨拶をしていきます。

議長：火曜の会へようこそおいでくださいました。では皆さん、襟を正しましょう！　今日は悪ふざけはなしですよ。

歌のリーダー：デイジー、デイジー、私は頭がおかしくなっている。

Tさん（男性）：そのとおり。あんたは頭がおかしい。

Gさん（女性）：もう帰らなければ。私のゴムはどこでしょう。私のハンドバッグはどこ。助けて！

Tさん：あんたも頭がおかしいよ。あんたたちみんなおかしい！

グループリーダー：（Gさんの腕をなでながら）Tさんはみんなの頭がおかしいと感じているので、一緒に歌を歌えないようですね。何が人をおかしくさせるのでしょうか？

Gさん：やることがないこと。ゴムを持ってきて。仕事に行かなければ。会社が運賃を払ってくれるから。

グループリーダー：Gさん、会社が恋しいのですね。大きな会社だったのですか？

Gさん：中位。フェンデラカンパニー（Gさんが独自につくった言葉）。シモファイルカーテン（Gさんが独自につくった言葉）のような（カーテンを指さす）。

グループリーダー：どういうことですか。シモファイルって。

Gさん：私は会社の全てをファイリングしているの（ハンドバッグをポンポンとたたいて、バッグのひとつひとつの仕切りにナプキンを詰め込んでいる）。

グループリーダー：（Gさんと一緒にハンドバッグをポンポンたたいて）
てきぱきとファイリングする会社員のようですね。

Tさん：彼女は頭がおかしい。それが彼女なんだ。

グループリーダー：（Gさんと一緒にファイリングをして）

　　　　　　Tさん、Gさんはファイル係だったんです。ずっとやってき
　　　　　　た仕事をやりたいと思うのは、おかしいことでしょうか?

　Gさん：私はファイル係。ここのファイルのように。

　　　　　　（グループリーダーの名前はFeil。ファイルのような発音）

グループリーダー：つまり、あなたの会社のファイルは、ここの会社、私のファ
　　　　　　イル（Feil）カンパニーのファイルに似ている（シミラー）
　　　　　　ということですか。

　Gさん：そうよ。シモファイル。ファイル。ファイル。

グループリーダー：そして私の名前がFeil。ファイル。　言葉をつなげたのですね。

　Gさん：（微笑んでうなずく）

グループリーダー：いい響きですね。シモファイルとフェンデラ。フェンデラって
　　　　　　何ですか?

　Gさん：なつかしい友。カンパニー（友人）。

　Tさん：わしのちんちんでつついてやる。ちんちんちんちん。くそち
　　　　　　んちんみたいか、レディー?（ズボンのチャックを下ろす）

グループリーダー：Tさん、ズボンのチャックを開けておられますが、奥さんが恋
　　　　　　しいのですか。

　Tさん：もちろんだ（ズボンのチャックを下ろすのをやめる）。

グループリーダー：（心のリーダーに向かって）

Hさん、ご主人が恋しいとき、何をされますか。

Hさん（女性）：毎朝夫に話せるように、夫の写真をパンの箱に入れているのよ。

Jさん（未婚女性）：ハリー、ハリー、ハリー、ハリー。ハリーに会いたい。

グループリーダー：ハリーはあなたの恋人だったのですか、Jさん。

Tさん：ハリーは正直。彼のちんちんは長い。わしの故郷で。彼のちんちんのように正直。わしの妻はあばずれ。あばずれ女。

グループリーダー：奥さんはあなたを怒らせたのですか？　奥さんは何をしたのですか。

Tさん：彼女は木製人形。木の人形。彼女は棺桶をつくる。私は昨年1000の死を迎えた。

グループリーダー：彼女は木の人形。彼女のためにあなたは死んだ。あなたは今も彼女が恋しい。

Jさん、あなたが愛していた人、ハリーを恋しく思っていらっしゃいます。

Gさん、あなたは大好きだった会社、会社の同僚を恋しく思われています。このグループの中で、お互いに気持ちよく過ごすために、私たちにできることは何でしょうか。

Jさん：私たちはお互いに助け合えるわ。

グループリーダー：それでは皆さん、手をつないで、歌を歌って、体を動かしましょうか？

　グループは儀式のエンディングに移ります。グループリーダーは、愛する人を恋しく思う問題をグループが解決する力になりました。グループリーダーは、一緒にいることの大切さを強調しました。性的な感情も隠し立てせず対応していることに注目してください。みんなの喪失感が表現され、グループが共通の感情で結ばれます。

終結
グループリーダーがグループを去るとき・グループメンバーが亡くなったとき

　フェーズ2、フェーズ3の人は、必ずしも死を嘆き悲しみません。死を受け入れなければならないことが多々あるのです。グループメンバーの誰かが亡くなったとき、死を受け入れ、ほかのスタッフから代わりの人を紹介してもらいましょう。通常、グループメンバーは亡くなった人のことを覚えていないでしょう。

　フェーズ2、フェーズ3の人は、心を痛めることなく、ある人との関係を終えることができます。後任のグループリーダーが話をよく聞き、タッチングをし、バリデートしてくれるような人であれば、グループリーダーも簡単に交代することができます。毎週の積み重ねで高齢者が覚えているのは、そのような資質であって、その人の個性の問題ではありません。見当識障害のある高齢者は、別の人に容易に置き換えます。ですから、グループリーダーが新しい人になってもすぐに受け入れてくれます。

　引き継ぎを容易にするために、グループを去るときはさよならパーティをして後任者を紹介します。私が10年続けていたグループを去るとき、グループメンバーはあっさり「さようなら」でした。いとも簡単に信頼が私から後任者に移りました。グループを去るときは、正直に。戻ってくる予定であれば、いつ戻ってくるのかグループメンバーに伝えましょう。グループを去るとき、心を痛めているのはグループを失うあなた自身であることを認めましょう。

コリーダーと連携する

　私は1960年代からグループバリデーションを行ってきましたが、その中でわかったのは、少なくとも2人でグループバリデーションを行えば、継続して行うことができるし、グループリーダーのストレスが減り、フィードバックを仲間からもらって成長につなげることができるということです。

　私が始めたころは、グループメンバーをミーティングに連れてくるのを手伝ってくれる人はいませんでした。ミーティングの後、ダイニングルームに戻る手伝いをしてくれる人もいませんでした。グループの終了後、一緒に振り返りをしてくれる人もいませんでした。私が病気や休暇で欠席すると、グループミーティングは行われず、再開したときにはそれまでの勢いがなくなっていました。

　コリーダーというのは、グループリーダーと協働してグループバリデーションを行う人のことをさしています。コリーダーには明確な仕事があり、次のすべてもしくは一部を担います。

- ミーティングにグループメンバーを連れてきたり、連れて帰ったりすることを手伝う。
- プログラムの中の運動・アクティビティを手伝う。
- 特別な介助の必要な人の隣に座る。すなわち、繰り返しの動作をする人、頻繁にタッチングが必要な人、耳が遠く、何度も繰り返し言ってもらう必要のある人、目が見えず、小さな声でささやいて情報を補ってあげる必要のある人など。
- ある人がグループを混乱させる行動をとり始めたときに、グループから連れ出す。
- ミーティング後にメンバーの進捗状況を評価する手伝いと、グループリー

ダーにフィードバックをする。
- 次回ミーティングの計画とトピックの選択を手伝う。
- 必要に応じ、あるいは計画的に、グループのリーダーシップを引き継ぐ。

　コリーダーは、グループミーティングで必ず気持ちを集中し、グループの一人ひとりを注意深く観察し、元気づけます。コリーダーは、通常エネルギーの小さな人の隣に座ります。そうすることによって、グループのエネルギーが滞ることなく、グループメンバーが座っている円を回り続けるするようにします。コリーダーがどのくらい話すかは、グループリーダー個人のスタイル次第です。それに応じて、コリーダーがよく話をする場合もあれば、ほとんど話をしない場合もあります。二人のバランスがとれていなければなりません。大切なのは、どのような場合でもグループメンバーには誰がグループリーダーなのか、明確にすることです。コリーダーが注意をひきすぎると、グループメンバーは混乱します。あくまでも片方がリード役で、もう一方はサポート役なのです。

　私は、週ごとにグループリーダーを交代したことがありますが、とても効果的でした。ある週は、私がグループリーダーを務め、翌週はコリーダーがグループリーダーに、私がコリーダーになりました。グループメンバーが混乱をした気配はまったくありませんでした。たとえグループリーダーが代わっても、グループリーダーが共感し、誠実で思いやりのあるバリデーションの態度を示していれば、グループメンバーに受け入れてもらえます。3人以上のチームを組んでバリデーションをするときも同じです。

　私が知っているある施設では、6人の介護者が協力して、グループバリデーションをしていました。この方法では、毎週、6人のうちの3人がグループミーティングに出席します。ひとりがグループリーダーになり、残りの2人は補助役です。この方法は、チーム全員がバリデーションのトレーニングを

受けたことのある人であればとても効果的です。

　チームを組むメリットはたくさんあります。ひとりが病気になっても、ほかの人がその代わりを務めることができるので、グループメンバーにとってもミーティングが継続的に行われます。ひとりが休暇をとっても、ミーティンググループを欠かさず開催できます。シフト勤務の人も、「グループバリデーションの日」に勤務が予定されているときに参加できます。管理者側にとってもより柔軟にスケジュールが組めます。

　コリーダーの重要な要素は、グループリーダーにフィードバックをすることです。グループリーダーは、グループミーティング中に起こっていることすべてを見ることはできません。コリーダーは、ミーティング中、またミーティング後も、重要な第三者の「目」を提供します。ミーティング中、グループリーダーが他のことに集中しているとき、コリーダーは、注意が必要なグループメンバーに目を向け、注意を促します。そして、ミーティング後は、コリーダーは自分が見たこと、聞いたこと、感じたことをグループリーダーにフィードバックします。グループリーダーにとって、自分を助けてくれる人がいることはとても心強いことなのです。

第 **5** 部

そのほかの援助方法

認知症の高齢者を
援助する方法

　認知症の後期高齢者のための援助法はいろいろあり、バリデーションはその
うちの一つです。バリデーションワーカーは、ほかの方法もよく知ってお
くことが大切です。人生でもそうですが、一つの方法をすべての人にどんな
状況でも使えるわけではないからです。本章では、回想法、リアリティ・オ
リエンテーション、行動変容を促す方法、感覚刺激の基本的概念と実践方法
について説明します[71]。さらに、気晴らし、再方向づけ、洞察を促す心理療
法については、バリデーションとよく混同されることが多いので、そのあた
りも含めて説明します。

● 回想法

　回想法（レミニッセンスとライフレビュー*）は、過去を想起させて、ク
ライエントの人生を振り返る方法です。思い出すという過程には、治療的価
値があり、エリクソンの第8のステージ「統合 対 絶望」にも合致します。
ライフタスクの一つが自我の統合のために人生を振り返ることだからです。
　回想法にはたくさんの実践方法があり、その度合いも様々です。
　個人レベルでは、正式なセッションの形や、あるいは通常の交流の中で非

---

71 本章の情報は以下をはじめとする多くの文献から集めています。
　　Paul K. H. Kim, Serving The Elderly, Aldine de Gruyter, New York, 1991; Irene Burnside & Mary G. Schmidt,
　　Working with Older Adults, Jones and Bartlett Publishers, London, 1994 (3rd ed.); Mildred O. Hogstel,
　　Geropsychiatric Nursing, Mosby, St. Louis, 1995 (2nd ed.)
＊　日本の施設で一般に回想法といわれているものは、レミニッセンスを指します。心理療法で個人に行われているものにはライフ
　　レビューがあります。日本ではレミニッセンス、ライフレビューが回想法として導入されています。

公式に、昔話やその人の思い出話をしたりします。クライエントのフォトア
ルバムを作成したり、アルバムを見たり、高齢者が過去について話すことを
促す他の方法を見つけたりします。

　またライフレビューは、一般的な回想とは異なり、訓練を受けたセラピス
トが、クライエントに行動の洞察をさせ、新しい対処方法を見つけるセラ
ピーです。

　グループレベルでは、たくさんの実践方法があります。参加者の人生の再
現ドラマをするグループ、世代の違うグループがお互いに話をして思い出を
共有することに重きをおく回想法グループなどです。

　フェイス・ギブソンは著書Reminiscence and Recall[72]の中で、回想法を
使う10の理由を挙げています。

一般的回想法を使う10の理由

- 過去と現在を結びつける。
- 社交性を促す。
- 世話をする側とされる側との距離が縮まる。
- 知的遺産を後世に伝える。
- 与えるー与えられるという関係が逆になる。
- アイデンティティや自尊心が高まる。
- 積極的に人生を振り返る過程を促す。
- お互いの見方が変わる。
- 評価をするのに役立つ。
- 楽しい活動になる。

72 Age Concern, England, 1994

●バリデーションとの違い

　回想法には、ある程度の注意力と思い出を語るのに十分な言語能力、そして現在と過去との違いを認識できることが必要です。バリデーションで使うレミニシング（思い出話をすること）は、ワーカーを信頼し、たいていの時間は見当識が保たれているフェーズ1の人には効果がある場合があるものの、多くの時間はその人の現実の中で生きているフェーズ2の人や、コミュニケーションをとることが難しく、欲求や感情をたいていは自分の中に秘めているフェーズ3の人にはあまり効果はありません。

　回想法を使ったセラピーと思い出話をすること（レミニシング）は違います。回想法セラピーの目標の一つは、現在の行動パターンを変えるために過去の行動パターンを理解することです。これはフェーズ2やフェーズ3の人ができないことですし、体系的に過去の分析をしたとしても彼らの助けにはなりません。フェーズ1にいる人は、思い出話をすることが中心のグループに入ることは可能ですが、回想法のセラピーには向かないのです。なぜなら彼らは洞察を求めてはいないからです。

●リアリティ・オリエンテーション

　リアリティ・オリエンテーションは、現在の時間や場所がわかると混乱を防ぐことができるし、気持ちが楽になるという考えに基づいています。もともとこの方法はまったく異なる患者群のためにつくられたものですが、近年、認知症高齢者にも使われるようになり、最もよく使われている方法の一つとなりました。これはスタッフにとって導入が容易であるからだと私は思っています。

　リアリティ・オリエンテーションは、個人にもまたグループでもできます

し、「24時間」アプローチとして施設の職員全員で行うこともできます。個人にリアリティ・オリエンテーションを行うとは、たとえば、今日が何日か、今何時か、その人がどこに住んでいるかというような問いに対する答えを優しく思い出させます。カレンダー、時計、標示など「事実」を明示する「手掛かり」を使うこともできます。たとえば、「あなたはサニーベール高齢者施設にいます」というような標示をしたり、個室のドアのそばに入居者の写真を掲げたりします。

　リアリティ・オリエンテーションをするグループ活動 は、一般的に1日に30分程度、時計やカレンダーを使って行います。参加者は読み書きをすることを奨励されます。トピックは事実に基づいたもので、感情的なものではありません。「24時間」アプローチとは、リアリティ・オリエンテーションの原則や実践を施設全体に取り入れ、環境や建築上の要素も含まれます。たとえば、エレベーターや廊下に鏡を設置することです。

　リアリティ・オリエンテーションは、相手の自尊心を傷つけないように行われれば、たいていの時間は見当識が保たれているフェーズ1の人には、有効であることがあります。しかし、多くの時間はその人の現実の中で生きているフェーズ2にいる人や、コミュニケーションをとることが難しく、たいていは欲求や感情を自分の中に秘めているフェーズ3にいる人に適用した場合、自分の中に引きこもり、敵対的になり、徘徊を始めたり、そのほかの拒絶的な行動をとったりすることが多いのです。

● 行動変容を促す方法（行動療法）

　行動変容は、すべての行動は3つの理論、すなわちひとつの刺激がほかのものに関連づけられるレスポンデント条件づけ（パブロフの古典的学習理論）、正の強化と負の強化のオペラント条件づけ（スキナーの理論）、ほかの

人の行動を見て真似をする模倣、により学ばれるという信念に由来していま
す。この理論は負と正の強化という形で、認知症高齢者に頻繁に使われてい
ます。行動変容の例としては、泣いたり、助けてほしいと大声を上げたりす
るなどの「否定的」行動を無視する。入居者が好ましくない行動を続ける場
合は、デザートを控えさせる（あるいは、歌のグループに参加させるなど肯
定的なもの）。あるいは、正の強化では、好ましい行動をする入居者をほめ
たり、ひいきをしたりする。この方法は、意識的に計画し行うこともありま
すが、老人ホームのスタッフが無意識に行っていることが多いようです。

　行動変容を促す方法は、見当識障害のある高齢者にはうまくいきません。
負の強化で罰を受けていることに気づきませんし、正の強化も覚えていませ
ん。行動の基本的な根本的原因は残ったままなので、長い目みると、行動の
大きな変化は見られないでしょう。

● 感覚刺激

　感覚刺激は、ある人を聴覚、視覚、
運動、味覚、嗅覚など、感覚レベルで
刺激する様々な方法をさす包括的用語
です。感覚を刺激することにより、孤
立感、ストレス、環境から断絶された
気持ちを軽減します。快適なものから、
過去の経験を思い出す引き金となるも
のまでさまざまです。

　感覚刺激の中で最もよく使われる方法の中に、アロマセラピーとスヌーズ
レン（Snoezelen）があります。いずれの方法も、グループよりは個人に対
して行われます。簡単に言えば、アロマセラピーはさまざまなタイプの香り

を使い、反応を促します。

　スヌーズレンは、オランダで始まり、1980年代より認知症の高齢者にも使われるようになりました。カラー照明、香りのするマッサージローション、バブルバス、音楽、テープに録音した音、布の手触りなど、（そのクライエントのために特別に選んだ）さまざまな感覚を経験させることによって、介護者がクライエントの世界に入っていこうとするものです。こまやかな配慮を行き届かせて正確に行えば、言語・非言語的に欲求や感情を表現できる人にかなりの効果があるでしょう。

　しかし、スヌーズレンは誤って理解されていたり、きちんと行われなかったりする場合も多く、そうすると、効果がなかったり、クライエントに弊害をもたらすことがあります。

● 気晴らし、再方向づけ、 「心を落ち着かせるために気をそらす方法」

　気晴らしや再方向づけは、行動変容の一形態で、どんどんたたく、歩き回る、泣く、大声で叫ぶなどのいわゆる「ネガティブ」な行動を変えるために使われます。「すぐに家に帰りたい」「お母さんのところに行かなければ」というように、多くの時間その人の現実の中にいる人が無理なことを求めている時によく使われます。ワーカーは、「待っている間に一緒にお茶でも飲みましょうか？」と代替案を出して高齢者の気をそらそうとします。

　認知症高齢者に対するこれらの2つの方法は、介護者にとって使いやすく、ごく短い間は効果的かもしれませんが、高齢者の本当のニーズに応えていないので、必ず行動が戻ってきます。

　心を落ち着かせようと、その場限りのうそをつくことと、バリデーションとでは、考え方に大きな違いがありますが、混同されやすく、バリデーショ

ンと間違って使われることがあります。介護者は、高齢者の非現実的な思い込みを受け入れたふりをします。たとえば、

高齢者：「お母さんのところにすぐに行かなければ」。

介護者：「お母さんから電話があって、しばらくここにいていいとおっしゃっていましたよ」。

　高齢者に嘘をつくと信頼関係が崩れてしまいます。また、バリデーションの重要な原則の一つである「気づき（意識）にはいろいろなレベルがある」も考慮されていません。上記の例の場合、高齢者は、ある無意識のレベルでは母親が亡くなったことがわかっています。最初は介入に反応して落ち着くかもしれませんが、行動の裏にある欲求が満たされていないので、一般的にはまもなく介護者への関心が薄れ、「お母さんのところに行きたい」という行動が何度も繰り返し戻ってくるでしょう。この女性の行動の裏にある欲求は、母親を失うことへの恐怖、母親をみとることができなかった罪悪感、見捨てられるかもしれないというもっと本質的な恐怖の表現である可能性があります。

● 洞察を促す心理療法

　バリデーションと洞察を促す心理療法は、次のような多くの共通の考えがあります。

- 幼い頃に学んだことは、生涯を通じて行動に影響を及ぼす
- 変わりたいという思いはその人の中から出てこなければならない。無理やり変えらせることはできない。
- 永続的な変化は、洞察がなされた後に起こる。
- 信頼のおける人に聞いてもらい、感情を吐き出せば、気持ちが楽になる。

次のような目標も同じです。

- 自尊心を高める。
- 幸福感を増す。
- ストレスに対処する力になる。

　この2つの方法の主な違いは、洞察を得るという概念です。フェーズ1にいる人は、自分が否定していることや、自分がつくり話をしていることを、つきつけられたくありません。もしそうすれば、自分の中にひきこもったり、敵対的になったりするでしょう。見当識障害のある人は、洞察するための認知能力をもち合わせていません。

付録

バリデーションを組織・施設レベルで実践する

　ここでは、部門や施設全体でバリデーションを実施するための重要な要素をいくつか紹介します。

* 全員がバリデーションに関心を持ち、バリデーションが行えるわけではないことを受け入れましょう。
* バリデーションはよい方法ですが、認知症高齢者のための唯一の方法ではないことを認識してください。誰もが強烈な感情に向き合うような仕事ができるわけではないからです。
* 認定を受けたバリデーションティーチャーやトレーナーと協力しましょう。トレーニングの質が高くなければ、バリデーションを実践してもよい結果が得られない可能性があります。公認バリデーション協会には、資料、プログラム、お手伝いできる人材など情報がありますので、お問い合わせください。

ステップ 1：全部門のスタッフにバリデーションを紹介する

* バリデーションの歴史、原則、目標について簡単に説明します。バリデーションから恩恵を受ける人、そうではない人の定義を説明します。
* バリデーションとは何か、どのように働きかけるかを紹介した（入手可能な）ビデオや映像を見てもらいます。
* ミーティングの最後に、バリデーションについてもっと知りたい人、バリデーションチームに加わりたい人に名前を記入してもらう用紙を回します。

- 後の段階では、多職種連携やケアプランの方針に、バリデーションを盛り込むとよいでしょう。

ステップ2：バリデーションチームを編成する

- 可能であれば、清掃、食事、管理、保守、看護、介護、社会福祉、レクリエーション担当者、作業療法士、理学療法士など、組織内のあらゆるレベルの人にチームに入ってもらいます。
- 毎週チームミーティングを行う計画を立てます。最初はバリデーションについて情報提供をします。「解決」期のフェーズ、各フェーズに適したバリデーションテクニックについて学びます。個人バリデーションのセッションサマリー（219ページ）を用い、それぞれのチームメンバーに個人レベルで働きかける高齢者を一人選んでもらいます。セッションサマリーの記入の仕方を手伝います。
- 毎週の取り組みを共有し、経過を評価します。経過評価表（220ページ）を使うとよいでしょう。チームミーティングでは、入居者に対するこれまで吐き出せなかったあなた自身の思いや感情をとき放つことができます。
- ほかのスタッフは、あなたやチームがバリデーションを実践している様子やその成果を見ることによって学んでいくでしょう。
- 個人バリデーションに少なくとも3か月間取り組んだら、グループバリデーションの計画を始めることができます。

ステップ3：グループバリデーションを始める

　可能であれば、必要な時にいつでも交代できるようなコリーダーをおきましょう。グループリーダーとコリーダーの役割は交代できますが、各グループミーティングでは、グループリーダーは一人だけにすることが重要です。コリーダーの役割はサポートです。

　コリーダーに求められることは、次のとおりです。

- プログラム中の体を動かすアクティビティ（運動）の手伝いをする。
- グループメンバーをミーティングの場所に連れてきたり、戻ったりするサポートをする。
- 繰り返しの動作をする人の横に座る。
- ミーティングの後、進捗を評価し、次回ミーティングのトピックを決めるのを助ける。

　グループリーダーとコリーダーは感情レベルでもお互いに支え合います。第4部で説明したグループを始める際の手順に従ってください。

ステップ4：ファミリーグループを始める

　年に3、4回、家族をバリデーションについて紹介する説明会に招待しましょう。個人バリデーションやグループバリデーションにおける経過をいつも知らせておくようにします。家族が興味をもたれるようでしたら、具体的なテクニックを教えます。効果的にコミュニケーションができ、高齢者とその家族の関係がよくなり、もっと頻繁に訪問する気持ちになるはずです。

ステップ5：振り返り

　6か月おきに、全スタッフでバリデーションの経過を振り返ります。

バリデーショントレーニング協会（Validation Training Institute）

www.vfvalidation.org

Vicki de Klerk-Rubin: vdeklerk@vfvalidation.org
エグゼクティブ・ディレクター

バリデーションの組織として認定された団体(公認バリデーション協会)が、オーストラリア、ベルギー、中国、フランス、ドイツ、イスラエル、イタリア、日本、スロバキア、スペイン、スイス、アメリカにあります。各地域の公認バリデーション協会の場所については、以下のウェブサイトをご参照ください。
www.vfvalidation.org　www.validation-eva.com

公認日本バリデーション協会のウェブサイトは以下のとおりです。
https://validation.chu.jp/

表、書式、テスト

バリデーションの観点から見た、
アルツハイマー型認知症の人の行動の違い

若年性アルツハイマー病

- 85歳を超えるほど長生きするのはまれ。
- ほとんどは、家、家族、社会的役割や地位がある。
- 今の現実から離脱したくない。
- 目的のない、ロボットのような動き。
- 視覚、聴覚、運動能力は保たれている。
- バリデーションやタッチングをしても、焦点の合っていない無表情のまま。
- バリデーショングループに入っても、社会的役割が通常蘇らない。
- 通常、行動をコントロールすることができない。
- バリデーションワーカーは、その人個人の経過の目標を立てることができない。
- アルツハイマー病の初期段階に認知機能の低下を自覚して苛立つ。
- バリデーションにかかわらず、亡くなるまで進行する。
- 怒らせるようなことがなくても殴りかかることがある。
- 怒っているときは、バリデーションに反応しないことが多い。
- ものを飲み込めないことが多い。

晩発性アルツハイマー病

- 寿命に応じ、長生きする。（90歳以上）
- 家、配偶者、社会的役割などを失った。
- つらい喪失感を否定する選択を（ほとんど無意識に）する。
- 安らぎを求め過去に戻り、やり残した問題を解決する。
- 優雅で、リズミカルな動作
- 視力、聴力、運動能力が衰えている。
- バリデーションに反応する。
- バリデートされると、しばしば発話が改善し、目が生き生きする。
- バリデートされると、大人としてのコントロールが蘇ってくる。
- 認知がだんだん失われているのを通常気づかない。
- バリデーションワーカーは、その人個人の明確な目標設定ができる。
- （その人が脳卒中や大きな身体的外傷を受けていなければ）バリデートされると衰退が穏やかになる。
- バリデートされると怒りを抑えることができる。怒らせるようなことなしに殴りかかることはめったにない。
- 知恵を表現する。
- 非言語的態度で人間の基本的欲求を表現する。
- グループバリデーションでメンバーとして助け合える。

観察可能な行動から「解決」期のフェーズにいる人なのかを評価する

体の機能と感情の コントロール	目や体の動き	喪失への反応

おおむね80歳以上　見当識は保たれているが、身体的な問題がある。

自分で食事、着替え、排泄をしたい。手助けを受け入れることができる。感情を適切にコントロールする。	目の焦点が合っており、直視し、明るい。麻痺でない限り、筋肉はリラックスしている。安定し、落ち着いた歩行。車いすや歩行器で直接移動。可動域を増やしたい。コントロールの喪失に気づいている。	悲しみの表現ができる。失語症の人は、喪失感を非言語的に表現する。愛する人の死、仕事や体の一部を失った後、新しい対象との関係をつくっていく。

おおむね80歳以上　精神疾患のある人

自分で食事、着替え、排泄ができる。予測不可能。手助けを要求、または拒否。感情を強くコントロールするか、感情を露骨に出す。その気になれば、自分でコントロールできる。	そわそわした目つき。あるいは、凝視している。顎がこわばっている。顔の筋肉が硬い。硬い動き。気まぐれな歩行。硬い動作。動く時に前かがみのことが多い。	親密な感情を信頼のおける「他者」にあらわにすることができない。悪いことをしたときに、他人や自分を責める。

45歳〜70代ぐらい　若年性アルツハイマー病と診断されている人

厚着・薄着をする。着替え、排泄、食事の能力が徐々に失われていく。進行性。怒りや悲しみの感情に気づかなくなる。感情や知性の変化を理解することができない。発作を起こしたり嚥下機能が低下する場合が多い。	目の焦点が合っておらず、無表情。指を鼻の先にあてることができない。ロボットや機械のような足取り。ぎこちない動き。目的のないようにみえる。物や人に向かって歩かない。ぎくしゃくしている。	初期段階では思考ができなくなっている。後期では喪失に気づかない。感情を否定する(おそらく失認のため)。

おおむね80歳以上　「解決」期のフェーズ1　晩発性アルツハイマー病と診断されていることが多い。

自分で食事、着替え、排泄ができる。コントロール、能力を保ちたい気持ちが強い。つくり話をする(取り繕う)。感情を厳格にコントロールする。感情をめったに表出しない。	目の焦点が合っており、直視する。目的のある、硬く、正確な空間での動き。持ち物の正確な管理。コントロールを保つために、ためこむことがよくある。指をさす。腕を組む。自分を守る。気持ちをしっかりともつ。筋肉が緊張している。	悲しみを否定する。加齢による喪失を否定する。過去の使い古された役割にしがみつく。記憶の衰えを否定する。解決のため過去の葛藤に戻る。

おおむね80歳以上　「解決」期のフェーズ2、フェーズ3　晩発性アルツハイマー病と診断されていることが多い。

フェーズ2の人は、着替えに介助が必要。排泄と食事はしばしば自分でできる。 フェーズ3の人は日常生活全般で介助が必要。感情をコントロールしたくない。 自由奔放に感情を表出し、また過去の問題を解決しようとする。	フェーズ3。同じリズムでドンドン、あるいはポンポン、あるいはバンバンたたく、歩く、前後に体を揺らす。空間をゆったりと動く。動作を繰り返す。目は閉じていることが多い。手を握りしめるか両手を組んでいる。感覚が損傷しているため、空間における体を認識できなくなる。いずれも顔の筋肉が緩んでいる。	フェーズ2、フェーズ3では、悲しみや怒りなどを自由に表に出す。深い喪失感を乗り越えるために、過去に逃げ込む。喪失を意識するとパニックになる。過去のイメージを再現することによって、辛い現実を消し去る。

ルールや社会規範への反応	時間、場所、人への反応

おおむね80歳以上　見当識は保たれているが、身体的な問題がある。

社会規範を受け入れている。身体的・社会的制約を受け入れている。願いがかなわないときは妥協し、代替となる喜びを求める。社会的に認められている媒介により、性的感情や敵対的感情を昇華する。承認を求める。	時間を意識している。最近の物忘れを受け入れている。約束の時間、名前などを記録しておく方法を見つけることができる。人や物を適切に分類することができる。似ているものと異なるものを、比喩的な表現を使って比較する。過去を振り返る。失語症の人は、物の分類ができるよう認知機能を再教育する。

おおむね80歳以上　精神疾患のある人

人生を通してルールを拒絶してきた。頻繁に入院。職を持つことができない。親密な友人がいない。つくりあげた人や物による妄想、心象、幻覚。過去の愛する人に基づいたものではない。	正しく名前を呼び、言語や概念を分類することができる。時計の時間がわかる。他の人に傷つけられたと感じている。現実にない人や物を見たりつくり出す。恐怖は加齢とは関係なく、一生続くものである。

45歳〜70代ぐらい　若年性アルツハイマー病と診断されている人

初期段階では、ルールや社交的スキルを維持しようとする。初期には適合する。うまく着こなそうとする。儀式的、機械的な方法で実行するが、後期では、もはやそれらが難しくなる。ルールを意識しなくなる。適切な社交的スキルの選択が難しくなる。	時間、場所、人がわからなくなる。初期には喪失に気づいている。愛する人の名前や役割がわからなくなる。後期には喪失に気づかない。物を使ったり、名前を言ったりする能力が失われる。認識力・認知を失う。

おおむね80歳以上　「解決」期のフェーズ1　晩発性アルツハイマー病と診断されていることが多い。

ルールを守ろうとする。社会的な義務を把握している。ルールを守らない人に脅威を感じる。決まった通りに物が置いてあることを望む。権力者からの承認を求める。物をため込む。	現在の時間、場所、人を認識することができる。時折、最近の物忘れを恐れている。明確に考えたい。喪失を覆い隠すためにユーモアを使う。人生の総括のために過去を正当化したい。

おおむね80歳以上　「解決」期のフェーズ2、フェーズ3　晩発性アルツハイマー病と診断されていることが多い。

もはや社会のルールに従いたくない。退却する。現在の権力者のルールを無視する。現在の介護者からの承認を求めない。過去の大切な人からの承認を求め、行動のルールを過去の大切な人に求める。動機づけがない限り、行動を修正しようとしない。	時計を使わない。記憶で時間をはかる。過去の人や場所が、鮮明なイメージで「見える」。視覚、聴覚、動作の損傷を、「心の光景」、「心の聴力」、「過去の動作の記憶」に置き換える。人生を解決し、自分らしさを再び取り戻すために、過去を追体験し、復元する。

	言語的コミュニケーション	非言語的コミュニケーション、シンボル	適したグループ

おおむね80歳以上　見当識は保たれているが、身体的な問題がある。

言語的コミュニケーション	非言語的コミュニケーション、シンボル	適したグループ
理解してもらうために意思疎通する。ユーモアを交える。言葉で過去と現在を結びつけ統合させる。理解してもらいたい。	失語症の人は、コミュニケーションにアイコンタクトやジェスチャーを使う。リラックスした低く落ち着いた声の調子。親密な家族以外は個人的距離をおく。不安定ではあるが、読み書きができる。	お菓子やパンを焼く、美術工芸、音楽、詩、作文、ユーモアのグループ（なるほど！という体験によって笑いが生まれ、笑いによってウェルビーイングが回復される）など、作業中心のグループ。

おおむね80歳以上　精神疾患のある人

言語的コミュニケーション	非言語的コミュニケーション、シンボル	適したグループ
ほとんど耳をかさない。気分で答える。人や物の名前を正しく呼ぶ。長々と話したり、沈黙したりする。とげとげしい口調、めそめそした口調で話す。	直接目を合わせるのをさける。触られるのを避ける。本能的な欲求をあらわに出す。人や物を取り替える。	その人の関心を刺激するような再動機付けのグループ。上から目線でないリアリティ・オリエンテーション。思いやりのある介護者は、精神疾患のある人の助けとなる。

45歳～70代ぐらい　若年性アルツハイマー病と診断されている人

言語的コミュニケーション	非言語的コミュニケーション、シンボル	適したグループ
話が要領を得ない。物の分類ができない。名前を忘れる。	タッチングを思い出さない。手ぶりを使う。はっきりとした目的がないようにみえる動き。読めない、あるいは書けない。	バリデーショングループの中で、交流を促すことができる。初期段階では、なじみのある場所に出かけることで、眠っていた言葉が出てきたり、ウェルビーイングが促されたりする。

おおむね80歳以上　「解決」期のフェーズ1　晩発性アルツハイマー病と診断されていることが多い。

言語的コミュニケーション	非言語的コミュニケーション、シンボル	適したグループ
時間や場所について言葉で注意喚起してもらうことを求める。辞書にあるような言葉、複雑な文章を使う。ユーモアのあること、皮肉を言う。同じ話を繰り返す。理解するために事実を求める。	アイコンタクトをコントロールする。タッチングを避ける。個人的な距離をおこうとする。シンボルを使って、過去の葛藤を表現する（104ページ参照）。読み書きができる。	政治的な討論グループは、敵意のはけ口となる。作業中心のグループ。上から目線でないリアリティオリエンテーショングループや個人に合わせたグループによって、ウェルビーイングを保つことができる。

おおむね80歳以上　「解決」期のフェーズ2、フェーズ3　晩発性アルツハイマー病と診断されていることが多い。

言語的コミュニケーション	非言語的コミュニケーション、シンボル	適したグループ
音の組み合わせてその人特有の言葉をつくる。辞書にあるような言葉をほとんど使わない。幼い時、心に刻まれた単語、音、韻に戻る。音を組み合わせることによって、過去を復元する。論理的に「あたかも～のような」という推論を使えない。たとえ（隠喩）を使えない。	今存在する体の一部、物、人が、過去の人やなじみのあるものになる。感情を自由奔放に表現する。主に非言語的に意思疎通する。読むことはできるが、書けないことが多い。	バリデーショングループでは、感情が認められる。現在が意味を失っているときに過去をとり戻すという高齢者のニーズが尊重される。確立された社会的役割が戻ってくる。ストレスが減る。足取りが改善する。眠っていた話す能力が戻ってくることがある。社会的交流によりウェルビーイングが生まれる。植物状態にはならないであろう。

自己統合の後のステージ
ファイルによる解決対引きこもり（自分の中に引きこもっている状態）のステージ

	フェーズ1	フェーズ2
基本的援助法 介護者のための 手掛かり	●「誰」「何」「どこ」「いつ」のような 　タイプの質問をする。 ●タッチングは最低限にとどめる。 ●社会的距離を保つ。	●好みの感覚を使う。 ●タッチングやアイコンタクトを使う。 ●曖昧な代名詞を使う。 ●相手の感情に合わせる。
見当識	●時間がわかる。 ●現実にしがみついている。 ●見当識がおかしくなってきている 　ことがわかり、おびえている。	●時計の時間を追えない。 ●事実・名前・場所を忘れる。
体の様子: 筋肉 声の調子 目	●筋肉が緊張して硬い。 ●通常排泄をコントロールできる。 ●素早く、直接的な動き。 ●目的意識のある歩き方。 ●きつい、非難するような話し方、 　ぐちを言うことがよくある。 ●歌うことができる。 ●目は焦点が合っている。 　しっかりアイコンタクトをとる。	●背筋を伸ばして座っているが、 　リラックスしている。 ●ゆっくりとした、滑らかな動作。 ●ダンスをしているような足取り。 ●低い声。険しい口調になるのはまれ。 ●すぐに歌ったり、笑ったりする。 ●目は澄んでいる。集中していない。 ●伏し目。 　アイコンタクトをとると認識する。
感情	●感情を否定する。	●過去の記憶や感情を現在の 　状況に置き換える。
身の回りの こと	●基本的なことはできる。	●私物を置き忘れる。 ●身の回りの介助が必要。
コミュニ ケーション	●明確に意思疎通できる。 ●辞書にあるような言葉を使う。	●独特の言葉の組み合わせを 　使い始める。 ●名詞に苦労する。
記憶と 社会的行動	●短期記憶を幾分か失っており、 　それに動揺している。 ●読み書きができる。 ●ルールや慣習に従う。	●「選択的」な記憶がある。 　主に長期記憶。 ●読めるが、判読できるような字が 　書けなくなる。 ●独自のルールをつくり上げる。
ユーモア	●ユーモアを幾分か保っている。	●ルールのあるゲームができない。 　（ビンゴなど） ●ユニークなユーモア。

フェーズ3	フェーズ4
●タッチング、アイコンタクトを使う。 ●感情と動作のミラーリングをする。	●動作をミラーリングする。 ●感覚刺激を使う。 ●音楽を使う。
●外の世界からのほとんどの刺激を遮断する。 ●独自の時間感覚を持つ。	●家族、訪問客、旧友、スタッフを認識できない。 ●時間の感覚がない。
●前かがみ。 ●失禁の自覚がない。 ●落ち着きがなく、歩き回る。 ●幼児期の音や動作を繰り返す。 ●メロディのよう。 ●ゆっくりと安定した口調。 ●目は通常閉じている。	●平静。どんともたれかかるようにしている。 ●ほとんど動かない。胎児のような姿勢。 ●排泄のコントロールができない。 ●指を頻繁に動かす。 ●目を閉じている（顔の表情がない）。
●感情を率直に表出する。	●評価困難
●身の回りのことができない。	●身の回りのことができない。
●主に非言語レベルで意思疎通する。 ●発話から動作に置き換わる。	●評価困難
●幼少期の記憶と普遍的シンボルが 　最も意味をもつ。 ●読み書きができない。 ●ルールがない。	●評価困難
●すぐに笑う。自発的に笑うことが多い。	●評価困難

経歴と行動データ

利用者氏名

個人情報

- 年齢
- 性別
- 人種
- 出生地
- 職歴
- 子ども等

家庭環境

- 社会経済的環境
- 宗教
- 家族関係（名前）

医療情報

- 医学的診断
- 投薬
- 入所（入院）期間
- 身体的喪失

施設内

- 友達は？
- スタッフとの関係は？
- 活動は？
- 日中と夜間の行動は？
- 動きは？
- 摂食行動

行動のパターン

- 危機や喪失に対するお決まりの反応
- 入居・入院になった背景
- 好みの感覚は何？
- 典型的人間関係
- 身体的行動：筋肉、動き方
- アイコンタクト、タッチングへの反応

典型的感情のパターン

- 感情を表現する？
- 感情を否定する？
- 一番よく表出するのはどの感情？
  （怒り、愛、恐れ、悲しみ）

「解決」期の段階

フェーズ1

- コミュニケーションをとることがよくでき、たいていの時間は見当識が保たれている。
- 否定をしたり、つくり話をしたりすることで、恐怖心を抱きつつも、懸命にまだ失われていないものにしがみついている。

フェーズ2

- コミュニケーションはとれるが、多くの時間は「その人の現実」の中で生きている。
- 自分の欲求や感情を、あまりフィルターをかけずに（判断することなく）表現する。

フェーズ3

- まだコミュニケーションはとれているが、たいていは欲求や感情を自分の中に秘めている。
- 動作や音で欲求や感情を表現する。

フェーズ4

- 周りの人が知覚できるほどの表現や会話はなく、コミュニケーションがほとんどとれなくなる。
- 欲求や感情をほぼ完全に自分の中にとじめている。

- 複数のフェーズを行ったり来たりするか？
- 何時ごろに？

バリデーションの推奨形態

- 個人？
- グループ？詳細を記述
- 役割は？
- 席は？

個人バリデーション　セッションサマリー

利用者氏名
_____

ワーカーの氏名
_____

日付
_____

● セッションの時間 / 長さ
_____

● 解決期のフェーズ
_____

● どのようなことが起きましたか？
（歌、シンボル、使ったテクニック etc.）
_____

● うまくいったこと
_____

● 難しかったこと
_____

個人バリデーション経過評価表

利用者氏名

ワーカーの氏名

個人バリデーションの度に表に記入します。
言語交流〜典型的行動パターンなどについて、以下のように評価します。
なし0、ほとんどなし1、ときどき2、頻繁に3、いつも4

日付	セッション開始時、終了時の「解決」期のフェーズ	言語交流	アイコンタクト	タッチングを許す	典型的行動パターン★	典型的行動パターン★	典型的行動パターン★	その他の行動・特記事項など
	開始時： 終了時：							
	開始時： 終了時：							
	開始時： 終了時：							
	開始時： 終了時：							
	開始時： 終了時：							
	開始時： 終了時：							
	開始時： 終了時：							

* 高齢者には個人の行動パターンがあり、これはたいていの場合、人生における困難への対処方法に関わりがあるものです。こうした行動は、対応が難しいものもあります。バリデーションを通し、行動を減らす試みができるでしょう。バリデーションの効果の評価には、「典型的行動パターン★」の下の行に具体的な行動パターン（例：歩き回る、ものを集める、泣く、と大声を上げる）を記入し、バリデーションセッション後にその行動の頻度を評価してください。

グループバリデーションのメンバー選定

　スタッフや家族への質問項目です。回答が7つ以上「はい」の場合、失語症または通常の加齢によらない器質的疾患である可能性、あるいは見当識が維持されていることを示すと考えられます。
　このような人はグループバリデーションには適さないので、そのほかの方法により援助することがよいでしょう。

1. 接続のための言葉「それと、しかし、私、彼ら」などの言葉を省くものの、正しい言葉遣いをしている。

2. 嬉しいときに泣き、悲しいときに笑う。

3. たえず悪態をついている。

4. 体の動きが硬く、機械のようである。（薬なしで）

5. きちんとした服装をし、社会的には正しいけれども、今の時間への見当識がない。

6. 言われたことは理解するが、自分を表現できない。

7. ユーモアのセンスがある。

8. 新聞を読むことができる。

9. ビンゴなどルールのあるゲームができる。

10. アイコンタクトをしない。あるいは心のこもったタッチングに反応しない。

11. 思いやりのあるボイストーンに反応しない。

　入居者への質問です。過去のことを繰り返し言う場合は、フェーズ2もしくはフェーズ3の人であることを示しています。

1.　一番会いたい人は誰ですか?配偶者?　子ども?

2.　生計を立てるために何をしましたか?

3.　家を出てここに来ることに抵抗はなかったですか?

4.　年をとって一番嫌なのは何ですか?

5.　あなたは悲しみをどのように克服しますか?

6.　人生で一番大切なものは何ですか?

7.　どんな出来事があって、ここに来られたのですか?

8.　痛みはありますか?
　　(フェーズ2、フェーズ3の人は、フェーズ1の人ほど痛みを訴えないことが多いです)

9.　あなたは病院にいましたか?医者は何をしましたか?

10.　ここの人は好きですか?好きでないなら、なぜですか?

11.　あなたはスタッフが好きですか?　嫌いな人はいますか?
　　(フェーズ2、フェーズ3の人は「家」で生活しているので、
　　 スタッフはわからないと答えるでしょう)

グループバリデーション　サマリー

日付 _____　　グループ名 _____

グループリーダー氏名 _____

● グループミーティングへの誘い（通常とは違う反応）

● 主な問題と出来事

● 次回ミーティングの計画

● コメント及び推奨事項

グループバリデーション　サマリー　サンプル

日付　1991年3月8日　　　グループ名　　火曜グループ

グループリーダー氏名　　ナオミ・ファイル

● グループミーティングへの誘い（通常とは違う反応）

スミス夫人が参加拒否。気分がとても悪そう。
スタウト氏が私にキスをした。

● 主な問題と出来事

性的欲求、夫や妻を恋しく思うことについて話し合う。
スタウト氏は奥さんを恋しく思っている。女性と一緒にいたいという彼のニーズを満たすため、
彼を接待係かダンスリーダーにしようと思う。

● 次回ミーティングの計画

トピック……………… 親の死
歌…………………… 「Jesus Loves Me」「I want a Girl」「Rock a Bye Baby」
解決すべき問題 …… ひとりぼっちで寂しく親が恋しいとき、何をしたらいいでしょうか？
　　　　　　　　　　トゥビン夫人にお祈りをするか、あるいは友達を探すかと聞く。
その他の解決法 …… 子守唄を歌う。散歩する。詩を読む。お母さんを思い出す。
運動………………… 大きなゴムの輪を持って、音楽にあわせて体を揺らす。
おやつ……………… コーヒーとクッキー

● コメント及び推奨事項

看護師長にスミス夫人は心臓病を患っているか確認する。
スタウト氏はコーン夫人の隣に座らせる。彼らにダンスを促す。
「レットミーコールユースィートハート」のレコードを入手。
次回ミーティング … スミス夫人の90歳誕生日のお祝いをする。
トピック……………… 年をとること

グループバリデーション　経過評価表

毎回グループミーティング後に記入します。一人ひとりを以下の数字で評価します。なし0、ほとんどなし1、ときどき2、頻繁に3、いつも4

日付	氏名	フェーズ	話す	アイコンタクトをとる	さわる	微笑む	リーダーシップを発揮する	参加する(身体的に)：ダンスする 歌う	その他、個人の行動、コメント、次回ミーティングのためのメモ

あなたのバリデーションの知識をチェックしてみよう

　あなたがバリデーションについて何を学び、理解したか、以下の設問で自己評価してみましょう。また、バリデーションの原則や基本的姿勢について理解をしているスタッフを採用したいと考えている施設でも活用できるでしょう。

正しい答えに○をつけてください。

1. 認知症の入居者が財布を落とすたびに、悲鳴を上げています。
   あなたは、

   (a) その人が財布を落とさないよう気配りする。信頼関係を築くために探求する。彼女にとってその財布がどんな意味を持っているか見出す。

   (b) ここでは財布を使う必要はないこと、どこかに行くわけでもないし、お金は必要ないことを言って安心させる。

   (c) 彼女の財布を取り上げる。目に入らなければ忘れてしまうから。

2. 見当識障害のある高齢者が、人前でズボンのチャックを下ろしています。あなたは、

   (a) 彼を部屋までそっと連れて行き、「奥さんが恋しいですか?」と尋ねる。

   (b) 負の強化をする。毅然として、「ここではそのようなことはしてはいけません」と言う。

   (c) その行動をミラーリングする。

3. ある見当識障害のある入居者が大声で、「歯が欲しい！」と叫んでいます。
   あなたは、

   (a) 歯がどこにあるか探す。必要であれば、入れ歯を用意する。

   (b) 彼女は入れ歯をはずすたびになくしていることを伝える。

   (c) 高齢なので新しい入れ歯は無理だと告げる。

4. あなたが見当識障害のある高齢者と一緒にいるとき、あなたは普通、

   (a) 距離をおく。

   (b) ふれあいを引き出すために優しく触る。

   (c) 触れずに近くに立つ。

   (d) 心をこめたアイコンタクトをしながら、優しく触る。

5. 相手がフェーズ3で繰り返しの動作をしているとき、あなたは、

   (a) タッチングと心のこもったアイコンタクトをしながら、
       その人の動作をミラーリングする。

   (b) 何をしているのか聞く。

   (c) やめるようお願いする。

   (d) その人の行動を無視する。

正しければ〇、誤りであれば×を記入してください。

6.（　　） 見当識障害のある高齢者は失禁している人が多い。

7.（　　） すべての高齢者は、結婚後の姓、場所、現在の日、時間がわかっ
ているべきだ。

8.（　　） 過去の世界に生きている人は、その方が幸せなので、彼らを
信じているふりをした方がよい。

9.（　　） 80歳を過ぎて、体の不自由や社会的喪失を抱えている見当識
障害のある人は、過去を向き、過去の軋轢を解決したり、昔
の楽しみを復元したりしている。

10.（　　） 見当識障害のある人が間違ったり、物忘れしたりすれば、正
してあげることが重要だ。

11.（　　） 高齢者が引きこもりにならないために、代わりとなる興味を
もつことが大切だ。

以下の設問について作文形式でお答えください。

12. 高齢者の未解決の問題として考えられるものを挙げてください。

13.「解決」期の高齢者の目的と欲求について説明してください。

14.「解決」期の4つのフェーズを示し、説明してください。

15.「解決」期の各フェーズに有効なバリデーションテクニックを説明して
ください。

16. センタリングに関わるステップを説明してください。

▶1から11までの解答は 231ページ

バリデーションの宿題

　以下の様式は、介護職や家族のためのバリデーションテクニックのトレーニングに使用することができます。

課題1　以下の人の好みの感覚を見つけてください。
　　　　　それを判断する手掛かりとなった根拠をあげてください。

---

① あなたのパートナー (または、ほかの親密な人)
　好みの感覚
　判断した手掛かり

---

② あなたの子ども
　好みの感覚
　判断した手掛かり

---

③ 同僚
　好みの感覚
　判断した手掛かり

---

④ 入居者1
　好みの感覚
　判断した手掛かり

---

⑤ 入居者2
　好みの感覚
　判断した手掛かり

課題2 次のような好みの感覚を持つ人と話をするときに使うと
効果的な言葉をできるだけ多く挙げてください。

聴覚	視覚	身体感覚

本課題の作成者は、アメリカポートランドのサンディリバーアライアンス介護センターの看護師Mary Bayer, R.Nです。

「あなたのバリデーションの知識をチェック
してみよう」の解答

問題	解答
1	a
2	a
3	a
4	d
5	a
6	○
7	×
8	×
9	○
10	×
11	○

索引

著者 | **ナオミ・ファイル**
Naomi Feil

アルツハイマー型認知症高齢者とのコミュニケーション法と認められているバリデーションの生みの親。この分野における彼女の初期の研究は、認知症高齢者ケアを変えることにつながった。パーソン・センタード・ケアの草分け。

1932年、ミュンヘンで生まれ、幼いころにアメリカに渡る。オハイオ州クリーブランドにあるモンテフィオール老人ホームで育ち、両親は高齢者介護の先駆的な役割を果たした。コロンビア大学でソーシャルワークの修士号を取得し、ニュースクール・フォア・ソーシャル・リサーチ、ケース・ウェスターン・リザーブ大学、ミシガン大学で学ぶ。1963年、認知機能が低下した高齢者に対する従来のセラピーに不満を抱き、加齢に伴い、時に生じる見当識障害に高齢者が対処するための独自の援助法を開発し始める。

著書『バリデーション・ブレイクスルー』に加え、数多くの学術論文を発表。バリデーションに関する映画も制作し、賞を受賞している。高齢者ケアの専門家として国際的に知られている。バリデーショントレーニング協会のオンラインニュースレターに頻繁に臨床コラムを執筆している。3万以上の施設がバリデーションに取り組んでおり、約50万人の専門職や家族介護者が彼女のセミナーに参加している。

著者 | **ビッキー・デクラーク・ルビン**
Vicki de Klerk-Rubin

バリデーショントレーニング協会のエグゼクティブ・ディレクター。認定バリデーションマスター。『認知症ケアのバリデーションテクニック』『救急時の対応者のためのバリデーション』の著者。バリデーションに関する多くの論文を発表し、バリデーションのコースカリキュラム作成にも携わっている。

ボストン大学で芸術学士号（1978年）、フォーダム大学で経営学修士号（MBA）を取得し、オランダで正看護師としての訓練を受けた。バリデーションセミナー、講演、トレーニングプログラムなどを世界各地で行っている。

監訳者 ┃ **稲谷ふみ枝**
Fumie Inatani

　久留米大学大学院客員教授（心理学博士）、バリデーション
ティーチャー。
　生涯発達心理学、臨床心理学が専門。地域医療や福祉の
領域における認知症高齢者を対象とした包括的心理療法や介
護職・家族を対象としたストレスマネジメント教育を実践。
　2002年からナオミ・ファイル氏、ビッキー・デクラーク・
ルビン氏から指導を受け、バリデーションワーカーの資格を
2004年に取得後、介護福祉職に数多くの実践指導を行う。
2014年、パリで行われたバリデーション国際会議に参加する
など、欧米の先進的な福祉国家におけるバリデーションの導入
状況やエビデンスについて研究を進めている。

訳者 ┃ **飛松美紀**
Miki Tobimatsu

　会議通訳者。ナオミ・ファイル氏のセミナーにおける通訳
（2003年〜2015年）、ビッキー・デクラーク・ルビン氏を講
師とするバリデーショントレーニング過程（2003年〜2009年、
2019年：レベル1　バリデーションワーカーコース、レベル2
バリデーショングループリーダーコース、レベル3　バリデーショ
ンティーチャー／プレゼンターコース）やセミナーなどにおける
通訳を務める。
　訳書『認知症ケアのバリデーションテクニック−より深いかか
わりを求める家族・介護者のために』筒井書房、『バリデーショ
ンブレイクスルー−認知症ケアの画期的メソッド』全国コミュニ
ティライフサポートセンター、『バリデーション　ファイルメソッド
−認知症の人への援助法』、全国コミュニティライフサポートセ
ンター

【バリデーションに関する問い合わせ先】
一般社団法人　公認日本バリデーション協会
〒899-4346　鹿児島県霧島市国分府中町17番8号
TEL（0995）48-8877
公式HP：https://validation.chu.jp/

バリデーション入門
認知症の人の想いを傾聴・共感するコミュニケーション法

2023年6月20日　発行

著　者	ナオミ・ファイル
	ビッキー・デクラーク・ルビン
監訳者	稲谷ふみ枝
訳　者	飛松美紀

発行者	荘村明彦
発行所	中央法規出版株式会社
	〒110-0016 東京都台東区台東3-29-1 中央法規ビル
	TEL 03-6387-3196
	https://www.chuohoki.co.jp/

撮影協力	特別養護老人ホームきのこ荘
	玉置裕美（バリデーションティーチャー）

印刷・製本	図書印刷株式会社
装幀・本文デザイン	DeHAMA（百瀬智恵）
イラスト	キットデザイン（豊島愛）

ISBN978-4-8058-8899-5